싸피

삼성 청년 SW아카데미

SW적성진단

CT주관식 단기완성

시대에듀

2025 최신판 시대에듀 All-New 싸피 SSAFY (삼성 청년 SW아카데미) SW적성진단 CT 주관식 단기완성

Always **with you**

사람의 인연은 길에서 우연하게 만나거나 함께 살아가는 것만을 의미하지는 않습니다.
책을 펴내는 출판사와 그 책을 읽는 독자의 만남도 소중한 인연입니다.
시대에듀는 항상 독자의 마음을 헤아리기 위해 노력하고 있습니다. 늘 독자와 함께하겠습니다.

머리말 PREFACE

SSAFY는 SAMSUNG SOFTWARE ACADEMY FOR YOUTH의 줄임말로 삼성 청년 SW아카데미를 뜻한다. SSAFY는 삼성의 SW 교육 경험과 고용노동부의 취업 지원 노하우를 바탕으로 취업 준비생에게 SW 역량 향상 교육 및 다양한 취업지원 서비스를 제공하여 취업에 성공하도록 돕는 프로그램으로 기수별 1,150명, 연간 2,300명의 청년을 대상으로 교육을 진행한다.

삼성 청년 SW아카데미에 입과하려면 SW적성진단 시험에 통과하여야 한다. SW적성진단은 온라인으로 진행되며 객관식과 주관식 문제가 출제된다. 객관식은 수리/추리 논리력을 진단하며, 주관식은 Computational Thinking에 대해 진단한다.

이에 시대에듀에서는 SSAFY 입과를 준비하는 수험생들이 보다 효율적으로 대비할 수 있도록 다음과 같은 특징의 본서를 출간하게 되었다.

도서의 특징

❶ Computational Thinking 영역별 유형학습을 수록하여 주관식 평가에 대비할 수 있도록 하였다.

❷ 주관식 문제로 구성한 SW적성진단 최종점검 모의고사 3회분을 수록하여 실전처럼 연습할 수 있도록 하였다.

❸ 에세이 및 PT 면접 대비 핵심 키워드 PDF를 제공하여 한 권으로 삼성 청년 SW아카데미 입과에 필요한 모든 과정을 준비할 수 있도록 하였다.

끝으로 본서를 통해 삼성 청년 SW아카데미 입과를 준비하는 모든 수험생에게 합격의 행운이 따르기를 진심으로 기원한다.

SDC(Sidae Data Center) 씀

SSAFY 이야기 INTRODUCE

SSAFY란?

삼성 청년 SW아카데미(SSAFY)는 삼성의 SW 교육 경험과 고용노동부의 취업지원 노하우를 바탕으로 취업 준비생에게 SW 역량 향상 교육 및 다양한 취업지원 서비스를 제공하여 취업에 성공하도록 돕는 프로그램이다.

1 최고 수준의 교육을 제공한다.

전문분야별 자문교수단과 삼성의 SW 전문가가 함께 참여한 명품 커리큘럼을 제공하여 경쟁력 있는 차세대 SW 인력을 양성한다.

2 맞춤형 교육을 제공한다.

개인별 SW 역량 및 이해도 수준, 전공에 따라 맞춤형 교육을 제공하여 최적의 학습 효과를 지향한다.

3 자기주도적 학습을 지향한다.

단순히 지식을 전달하기보다 스스로 문제를 해결할 수 있는 역량을 강화시키고, 기업에서 실제로 수행하는 형태의 프로젝트를 통해 실무 적응력을 향상시킨다.

4 취업 경쟁력을 높일 수 있는 효율적인 취업지원 서비스를 제공한다.

고용노동부의 취업지원 노하우를 기반으로 교육생에게 최적의 일자리 정보를 제공하고 취업 실전 교육과 컨설팅 서비스를 통해 취업에 성공하도록 지원한다.

비전

SSAFY는 SW 경쟁력을 강화시켜
IT 생태계 저변을 넓히고 대한민국 청년 취업 경쟁력을 향상시킨다.

인재상

SSAFY는 문제해결능력을 갖춘
경쟁력 있는 차세대 SW 인력을 양성한다.

논리적 사고	열정	학습의지
SW의 개념과 원리를 이해하고 규칙을 찾아 문제를 해결하는 인재	열정과 도전정신으로 교육에 적극 참여하는 인재	지속적으로 학습하고 교육에 몰두하여 목표를 성취하는 인재

삼성 청년 SW아카데미는 논리적 사고력과 SW에 대한
호기심을 바탕으로 한 열정과 학습의지가 넘치는 젊은 인재와 함께한다.

지원자격

구분	내용
대상	• 연령 : 만 29세 이하 • 학력 : ❶ 국내외 4년제 대학(학사 이상) 졸업자 및 졸업 예정자(전공 무관) ❷ 국내 지정 마이스터고 졸업자 및 졸업 예정자(학과 무관)
재직 여부	• 현재 미취업자 대상 • 인터뷰일로부터 본교육 시작일 전까지 재직(예정)자 지원 불가(사업장 건강보험 및 국민연금 가입 여부 기준) ※ 졸업 예정자는 취업 여부 무관 지원 가능
기타	• 교육 시작일에 교육 입과 가능한 자 • 입과 후 1년간 SSAFY 교육에 온전히 집중할 수 있는 자 • 대학교, 대학원 재학 중인 자 지원 불가(단, 졸업 예정자는 가능) • 병역필 또는 면제자로 해외여행에 결격 사유가 없는 자 ※ 교육 시작일 전까지 병역의무 완료 예정자 포함 ※ 교육 기간 중 취업할 경우, 해당 업체 입사 전에 개별적으로 퇴소

SSAFY 입과 안내 INFORMATION

교육생 지원내용

전문화된 SW 교육 제공

SW 역량을 향상시키고 취업에 도움이 될 수 있도록 다양한 실전 학습 기회가 주어진다.
(삼성 SW 역량 테스트 응시 기회 제공, 경진 대회 실시 등)

교육지원금 지급

SW 교육에 온전히 집중할 수 있도록 매월 100만 원의 교육지원금을 지급한다.

국내외 연구소 실습 기회 부여

우수 교육생을 선발하여 국내외 연구소의 실습 기회를 제공한다.
(삼성전자 해외연구소 등)

우수 교육생 시상

교육 성적 우수자, SW 등급 취득자 등 우수 교육생을 위한 다양한 시상 제도를 실시한다.

개인별 진로상담 및 취업지원 서비스 제공

맞춤형 일자리 정보 및 취업 실전 역량 교육과 컨설팅 서비스를 통해
취업에 성공할 수 있도록 지원한다.

모집절차

SW적성진단

SW적성진단은 지원서상 선택한 학력/전공 기준으로 구분하여 실시한다.

구분	내용
SW전공	기초 코딩 테스트를 통한 기본적인 SW역량 확인
SW비전공, 마이스터고	SW학습에 필요한 기본적인 사고력, 추론능력 확인 (수리/추리 논리력 및 Computational Thinking 진단)

SW적성진단(SW비전공, 마이스터고) 출제정보

구분	수리/추리 논리력	Computational Thinking 진단	주의사항
문제 유형	객관식	단답형 주관식	수리/추리 논리력 완료 후 Computational Thinking 진단 응시가 가능
문항 수	15문항	5세트/25문항	–
제한 시간	30분	40분	진단별 제한 시간 초과 시 자동 제출
응시 가능 시간	응시 시작 30분 전부터 SW적성진단 준비화면 접속이 가능하다. 최초 응시 및 진단 시작 후, 제한 시간 이내에 모든 진단을 완료해야 한다.		

※ 세부사항은 변경될 수 있으니 지원 전 반드시 공고를 확인하기 바랍니다.

입과 후 교육과정 CURRICULUM

교육과정 특징

문제해결능력을 갖춘 경쟁력 있는 차세대 SW 인력 양성

몰입형 집중 코딩 교육

- 실습 중심의 강도 높은 코딩 교육을 실시한다.
- 미션 달성에 따라 레벨이 올라가는 학습방식(Gamification)을 적용하여 교육 몰입도를 높인다.

실전형 자기주도 학습

- 실제 업무와 유사한 형태의 프로젝트를 수행하면서 협업능력과 문제해결역량을 쌓을 수 있다.
- 학습자 간 코드 리뷰, 페어 프로그래밍 등 상호학습을 지향한다.

성과창출형 교육

- 경진대회, SW테스트 등을 통해 자신의 실력을 주기적으로 측정할 기회를 제공한다.
- 모든 PJT는 Git를 활용하며, PJT 수행결과가 곧 개인의 포트폴리오가 된다.

교육과정 로드맵

기본과정(5개월)	1차 Job Fair(1개월)
목표 : 기초 코딩 역량을 갖춘 신입 SW 개발자 양성 내용 : SW 필수 지식과 알고리즘 중심의 몰입형 코딩 교육, 수준별 분반 운영	내용 : 취업역량 향상 집중교육(수준별 분반 운영), 개인별 취업지원 서비스 제공, 취업활동 및 채용정보 중점 지원, 해외연수(성적 우수자 대상), 계절학기 운영(SW 수준별)
심화과정(5개월)	**2차 Job Fair(1개월)**
목표 : 프로젝트 기반의 자기 주도형 학습을 통한 실전형 SW 개발자 양성 내용 : 교육생 수준에 맞는 자기 주도형 프로젝트 수행, 실무 환경과 동일한 개발방식 활용	내용 : 채용 박람회 개최, 개인별 맞춤형 경력 설계, 개인별 취업지원 서비스 제공, 취업활동 및 채용정보 중점 지원

SSAFY 커리큘럼

SSAFY 기본과정 커리큘럼	알고리즘 기반의 코딩역량을 향상시켜 SW 개발자로서의 기초를 탄탄히 다지고, 웹, 임베디드, IoT의 핵심 기술을 집중 탐구하여 다양한 경험과 문제해결능력을 보유한 인재로 성장한다.
SSAFY 심화과정 커리큘럼	SW 실전역량 강화를 위한 **프로젝트 기반의 자기주도형 학습**으로 실무역량 향상 및 취업 경쟁력을 강화할 수 있다. **프로젝트 과제 선정** • 취업 포트폴리오 관리 : 취업 포트폴리오 관리로 취업 준비생의 신뢰성과 전문성 보증 • 현업 유사 프로젝트 : 현업과 유사한 프로젝트 주제로 실습을 진행하여 실전 개발 역량 강화 • 4차 산업혁명 기술 : 4차 산업혁명 기술 활용 역량 강화를 통한 취업 우대 기술 확보 **프로젝트 수행** • 공통 프로젝트 : 비전공자/전공자가 한 팀으로 구성되어 웹 기반의 기술을 공통적으로 학습하여 원하는 웹 서비스 구현 • 특화 프로젝트 : 4차 산업혁명 분야 중 본인이 흥미 있는 특화 기술을 익히고 신기술 프로젝트 진행 • 자율 프로젝트 : 자유롭게 본인의 아이디어 기획 및 명세서를 스스로 작성하고 1 · 2학기 동안 학습한 다양한 기술들을 활용하여 나만의 포트폴리오 완성

도서 200% 활용하기 STRUCTURES

대표유형

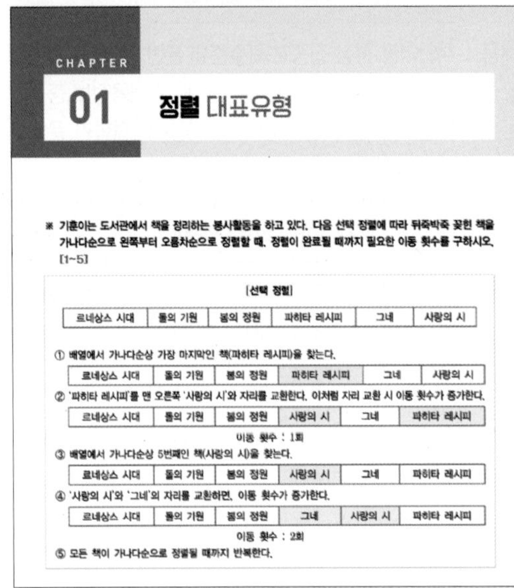
CHAPTER 01 **정렬** 대표유형

※ 기훈이는 도서관에서 책을 정리하는 봉사활동을 하고 있다. 다음 선택 정렬에 따라 뒤죽박죽 꽂힌 책을 가나다순으로 왼쪽부터 오름차순으로 정렬할 때, 정렬이 완료될 때까지 필요한 이동 횟수를 구하시오. [1~5]

[선택 정렬]

르네상스 시대	돌의 기원	봄의 정원	파히타 레시피	그네	사랑의 시

① 배열에서 가나다순상 가장 마지막인 책(파히타 레시피)을 찾는다.

르네상스 시대	돌의 기원	봄의 정원	파히타 레시피	그네	사랑의 시

② '파히타 레시피'를 맨 오른쪽 '사랑의 시'와 자리를 교환한다. 이처럼 자리 교환 시 이동 횟수가 증가한다.

르네상스 시대	돌의 기원	봄의 정원	사랑의 시	그네	파히타 레시피

이동 횟수 : 1회

③ 배열에서 가나다순상 5번째인 책(사랑의 시)을 찾는다.

르네상스 시대	돌의 기원	봄의 정원	사랑의 시	그네	파히타 레시피

④ '사랑의 시'와 '그네'의 자리를 교환하면, 이동 횟수가 증가한다.

르네상스 시대	돌의 기원	봄의 정원	그네	사랑의 시	파히타 레시피

이동 횟수 : 2회

⑤ 모든 책이 가나다순으로 정렬될 때까지 반복한다.

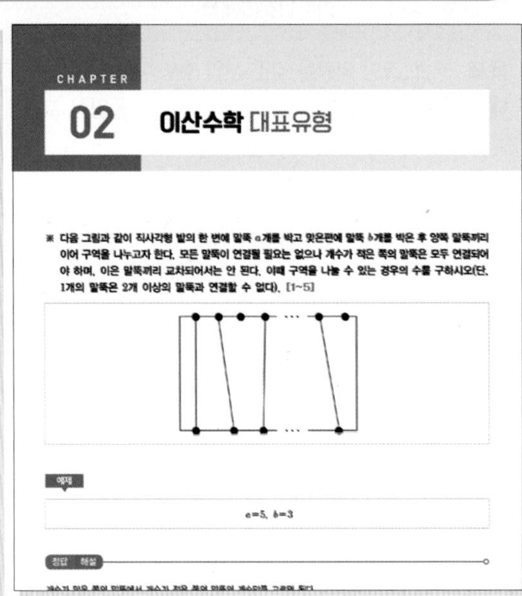
CHAPTER 02 **이산수학** 대표유형

※ 다음 그림과 같이 직사각형 밭의 한 변에 말뚝 a개를 박고 맞은편에 말뚝 b개를 박은 후 양쪽 말뚝끼리 이어 구역을 나누고자 한다. 모든 말뚝이 연결될 필요는 없으나 개수가 적은 쪽의 말뚝은 모두 연결되어야 하며, 이은 말뚝끼리 교차되어서는 안 된다. 이때 구역을 나눌 수 있는 경우의 수를 구하시오(단, 1개의 말뚝은 2개 이상의 말뚝과 연결할 수 없다). [1~5]

예제

$a=5$, $b=3$

정답 해설

▸ 대표유형을 통해 출제영역을 체계적으로 파악할 수 있도록 하였다.

유형점검

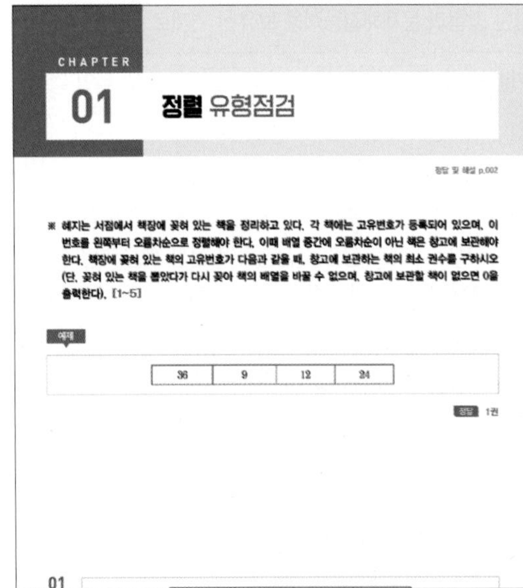
CHAPTER 01 **정렬** 유형점검

정답 및 해설 p.002

※ 혜지는 서점에서 책장에 꽂혀 있는 책을 정리하고 있다. 각 책에는 고유번호가 등록되어 있으며, 이 번호를 왼쪽부터 오름차순으로 정렬해야 한다. 이때 배열 중간에 오름차순이 아닌 책은 창고에 보관해야 한다. 책장에 꽂혀 있는 책의 고유번호가 다음과 같을 때, 창고에 보관하는 책의 최소 권수를 구하시오(단, 꽂혀 있는 책을 뽑았다가 다시 꽂아 책의 배열을 바꿀 수 없으며, 창고에 보관할 책이 없으면 0을 출력한다). [1~5]

예제

36	9	12	24

정답 1권

01

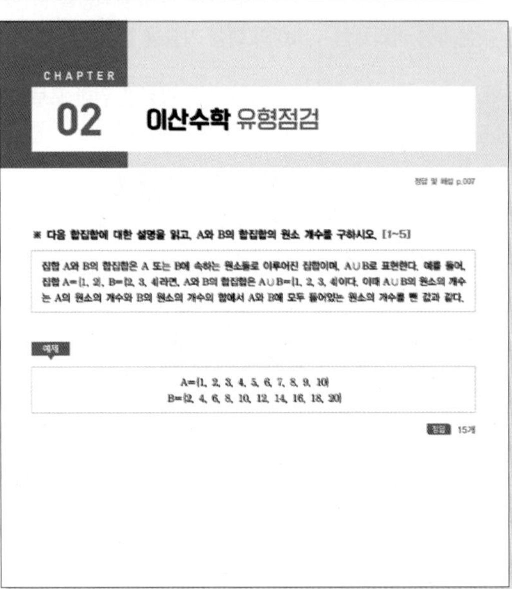
CHAPTER 02 **이산수학** 유형점검

정답 및 해설 p.007

※ 다음 합집합에 대한 설명을 읽고, A와 B의 합집합의 원소 개수를 구하시오. [1~5]

집합 A와 B의 합집합은 A 또는 B에 속하는 원소들로 이루어진 집합이며, A∪B로 표현한다. 예를 들어, 집합 A={1, 2}, B={2, 3, 4}라면, A와 B의 합집합은 A∪B={1, 2, 3, 4}이다. 이때 A∪B의 원소의 개수는 A의 원소의 개수와 B의 원소의 개수의 합에서 A와 B에 모두 들어있는 원소의 개수를 뺀 값과 같다.

예제

A={1, 2, 3, 4, 5, 6, 7, 8, 9, 10}
B={2, 4, 6, 8, 10, 12, 14, 16, 18, 20}

정답 15개

▸ 유형점검을 통해 출제유형별 세부적인 학습이 가능하도록 하였다.

최종점검 모의고사

제1회 최종점검 모의고사

정답 및 해설 p.074

※ 불규칙적으로 나열된 알파벳 카드를 왼쪽부터 오름차순으로 정렬할 때, 왼쪽에서 n번째에 있는 알파벳 카드를 구하시오. [1~5]

예제

B	A	G	H	C

$n=3$

정답 C

01

제3회 최종점검 모의고사

정답 및 해설 p.085

※ C물류센터에 상품을 정리해주는 로봇을 구매하였다. 로봇은 상품번호를 읽은 후 버블 정렬에 따라 왼쪽부터 오름차순으로 상품을 정리한다. 이 로봇은 정렬 1회전 동안 옮길 수 있는 양은 제한되어 있지 않지만, 기술적 한계로 정렬 1회전 후 연료의 양이 1만큼 줄어들며, 연료의 양이 0이 되면 작동을 멈추게 된다. 다음 버블 정렬에 대한 설명을 읽고 x만큼의 연료를 가지는 로봇이 상품을 정리할 때, 작동을 멈춘 후 상품의 최종 배열 상태를 구하시오(단, 물건의 이동이 없으면 회전수를 셈하지 않는다). [1~5]

[버블 정렬]

43	27	35	6	22	10

① 주어진 리스트에서 1번째 값인 43과 2번째 값인 27을 비교하여 작은 값인 27이 앞에 오도록 한다.

43 27 35 6 22 10 → 27 43 35 6 22 10

② 2번째 값인 43과 3번째 값인 35를 비교하여 작은 값인 35가 앞에 오도록 한다.

27 43 35 6 12 10 → 27 35 43 6 12 10

③ 이 작업을 반복하여 $(n-1)$번째 값과 n번째 값까지 비교한다. n번째 값이 고정되면 1회전 한 것으로 본다.

27 35 43 6 12 10 → 27 35 6 43 12 10
→ 27 35 6 12 43 10 → 27 35 6 12 10 43
→ 27 35 6 12 10 43

④ 리스트의 모든 숫자가 고정될 때까지 고정되지 않은 숫자들에 한해서 ①~③ 과정을 반복한다.

▸ CT 주관식 모의고사 3회분을 수록하여 자신의 실력을 스스로 점검할 수 있도록 하였다.

정답 및 해설

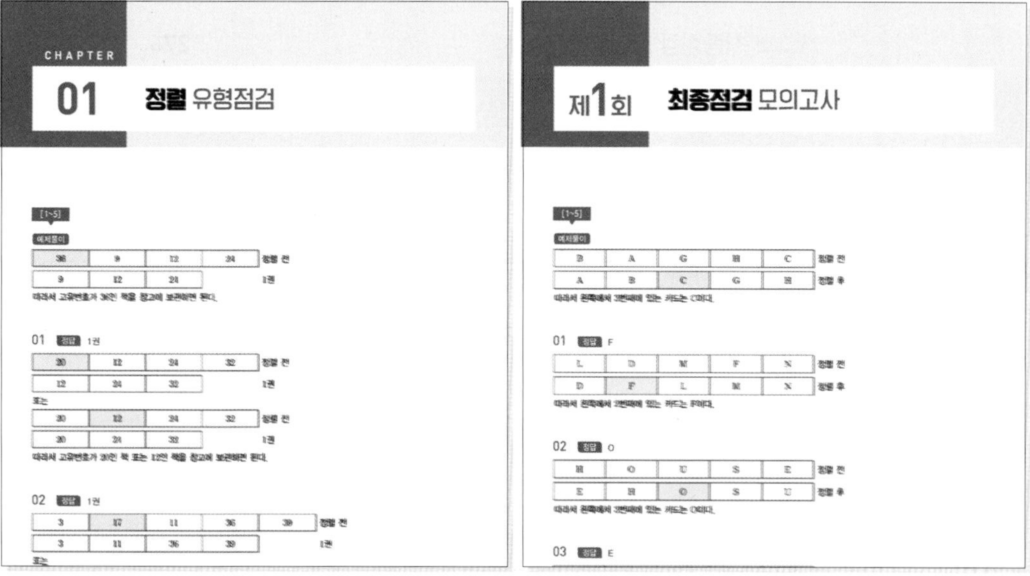

CHAPTER 01 정렬 유형점검

[1~5]

예제풀이

36	9	12	24	정렬 전
9	12	24		1권

따라서 고유번호가 36인 책을 창고에 보관하면 된다.

01 정답 1권

20	12	24	32	정렬 전
12	24	32		1권

또는

20	12	24	32	정렬 전
20	24	32		1권

따라서 고유번호가 20인 책 또는 12인 책을 창고에 보관하면 된다.

02 정답 1권

3	17	11	36	39	정렬 전
3	11	36	39		1권

또는

제1회 최종점검 모의고사

[1~5]

예제풀이

B	A	G	H	C	정렬 전
A	B	C	G	H	정렬 후

따라서 왼쪽에서 3번째에 있는 카드는 C이다.

01 정답 F

L	D	M	F	N	정렬 전
D	F	L	M	N	정렬 후

따라서 왼쪽에서 2번째에 있는 카드는 F이다.

02 정답 O

H	O	U	S	E	정렬 전
E	H	O	S	U	정렬 후

따라서 왼쪽에서 3번째에 있는 카드는 O이다.

03 정답 E

▸ 정답을 도출하는 과정을 상세하게 설명하여 문제를 정확하게 이해할 수 있도록 하였다.

이 책의 차례 CONTENTS

PART 1 CT 유형학습

PART 2 최종점검 모의고사

별 책 정답 및 해설

PART 1

CT 유형학습

CHAPTER

01 정렬 대표유형

※ 기훈이는 도서관에서 책을 정리하는 봉사활동을 하고 있다. 다음 선택 정렬에 따라 뒤죽박죽 꽂힌 책을 가나다순으로 왼쪽부터 오름차순으로 정렬할 때, 정렬이 완료될 때까지 필요한 이동 횟수를 구하시오. [1~5]

[선택 정렬]

르네상스 시대	돌의 기원	봄의 정원	파히타 레시피	그네	사랑의 시

① 배열에서 가나다순상 가장 마지막인 책(파히타 레시피)을 찾는다.

르네상스 시대	돌의 기원	봄의 정원	파히타 레시피	그네	사랑의 시

② '파히타 레시피'를 맨 오른쪽 '사랑의 시'와 자리를 교환한다. 이처럼 자리 교환 시 이동 횟수가 증가한다.

르네상스 시대	돌의 기원	봄의 정원	사랑의 시	그네	파히타 레시피

이동 횟수 : 1회

③ 배열에서 가나다순상 5번째인 책(사랑의 시)을 찾는다.

르네상스 시대	돌의 기원	봄의 정원	사랑의 시	그네	파히타 레시피

④ '사랑의 시'와 '그네'의 자리를 교환하면, 이동 횟수가 증가한다.

르네상스 시대	돌의 기원	봄의 정원	그네	사랑의 시	파히타 레시피

이동 횟수 : 2회

⑤ 모든 책이 가나다순으로 정렬될 때까지 반복한다.

예제

지질학	지구과학	사회학	수학	물리학	국어

정답 해설

지질학	지구과학	사회학	수학	물리학	국어	정리 전
국어	지구과학	사회학	수학	물리학	지질학	1회
국어	물리학	사회학	수학	지구과학	지질학	2회

정답 2회

01

화성학	한국사	모의고사	운동방법	매일영어	이탈리아어

정답 해설

화성학	한국사	모의고사	운동방법	매일영어	이탈리아어	정리 전
이탈리아어	한국사	모의고사	운동방법	매일영어	화성학	1회
이탈리아어	매일영어	모의고사	운동방법	한국사	화성학	2회
운동방법	매일영어	모의고사	이탈리아어	한국사	화성학	3회
모의고사	매일영어	운동방법	이탈리아어	한국사	화성학	4회
매일영어	모의고사	운동방법	이탈리아어	한국사	화성학	5회

정답 5회

02

인간관계론	유전자	실무	하이디	자율학습	서스펜스

정답 해설

인간관계론	유전자	실무	하이디	자율학습	서스펜스	정리 전
인간관계론	유전자	실무	서스펜스	자율학습	하이디	1회
서스펜스	유전자	실무	인간관계론	자율학습	하이디	2회
서스펜스	실무	유전자	인간관계론	자율학습	하이디	3회

정답 3회

03

결성	호기심	체대입시	농구게임	크리에이터	기적

정답 해설

결성	호기심	체대입시	농구게임	크리에이터	기적	정리 전
결성	기적	체대입시	농구게임	크리에이터	호기심	1회
결성	기적	농구게임	체대입시	크리에이터	호기심	2회

정답 2회

04

스웨덴어	심리학	투자방법론	투자산업	메시지	암기법

정답 해설

스웨덴어	심리학	투자방법론	투자산업	메시지	암기법	정리 전
스웨덴어	심리학	투자방법론	암기법	메시지	투자산업	1회
스웨덴어	심리학	메시지	암기법	투자방법론	투자산업	2회
스웨덴어	메시지	심리학	암기법	투자방법론	투자산업	3회
메시지	스웨덴어	심리학	암기법	투자방법론	투자산업	4회

정답 4회

05

여행일기	도시인류학	고전안내서	프레지던트	해방일지	슈퍼마켓

정답 해설

여행일기	도시인류학	고전안내서	프레지던트	해방일지	슈퍼마켓	정리 전
여행일기	도시인류학	고전안내서	프레지던트	슈퍼마켓	해방일지	1회
여행일기	도시인류학	고전안내서	슈퍼마켓	프레지던트	해방일지	2회
슈퍼마켓	도시인류학	고전안내서	여행일기	프레지던트	해방일지	3회
고전안내서	도시인류학	슈퍼마켓	여행일기	프레지던트	해방일지	4회

정답 4회

CHAPTER

01 정렬 유형점검

정답 및 해설 p.002

※ 혜지는 서점에서 책장에 꽂혀 있는 책을 정리하고 있다. 각 책에는 고유번호가 등록되어 있으며, 이 번호를 왼쪽부터 오름차순으로 정렬해야 한다. 이때 배열 중간에 오름차순이 아닌 책은 창고에 보관해야 한다. 책장에 꽂혀 있는 책의 고유번호가 다음과 같을 때, 창고에 보관하는 책의 최소 권수를 구하시오(단, 꽂혀 있는 책을 뽑았다가 다시 꽂아 책의 배열을 바꿀 수 없으며, 창고에 보관할 책이 없으면 0을 출력한다). **[1~5]**

예제

36	9	12	24

정답 1권

01

20	12	24	32

02

3	17	11	36	39

03

2	5	8	13	14

04

16	32	40	42	22	59	31

05

74	58	48	38	36	25	24	19

※ S대학교 분실물 보관소에서 학생 이름이 적힌 학생증 여러 개를 보관하고 있다. 학생증에 적힌 학생 이름을 왼쪽부터 오름차순으로 정렬할 때, 정렬이 완료된 후 왼쪽에서 n번째에 있는 학생증에 적힌 이름을 구하시오. **[6~10]**

예제

하태우	오진아	김선혜	나희영	우태영

$n=3$

정답 오진아

06

류묵환	임주은	서민혁	김진흥	유미나

$n=2$

07

김유진	박민성	이은유	나희재	조동혁

$n=3$

08

서민주	김혁준	강준성	이인혜	서유영

$n=5$

09

홍민우	김성모	구혜영	주유근	태민우

$n = 4$

10

김대인	라혜은	김선혜	박은규	이정모

$n = 2$

※ 주현이는 불규칙적으로 놓여 있는 숫자 카드를 정리하고자 한다. 다음 선택 정렬에 대한 설명을 읽고 숫자 카드를 선택 정렬에 따라 왼쪽부터 오름차순으로 정렬할 때, 정렬이 완료될 때까지 필요한 이동 횟수를 구하시오. **[11~15]**

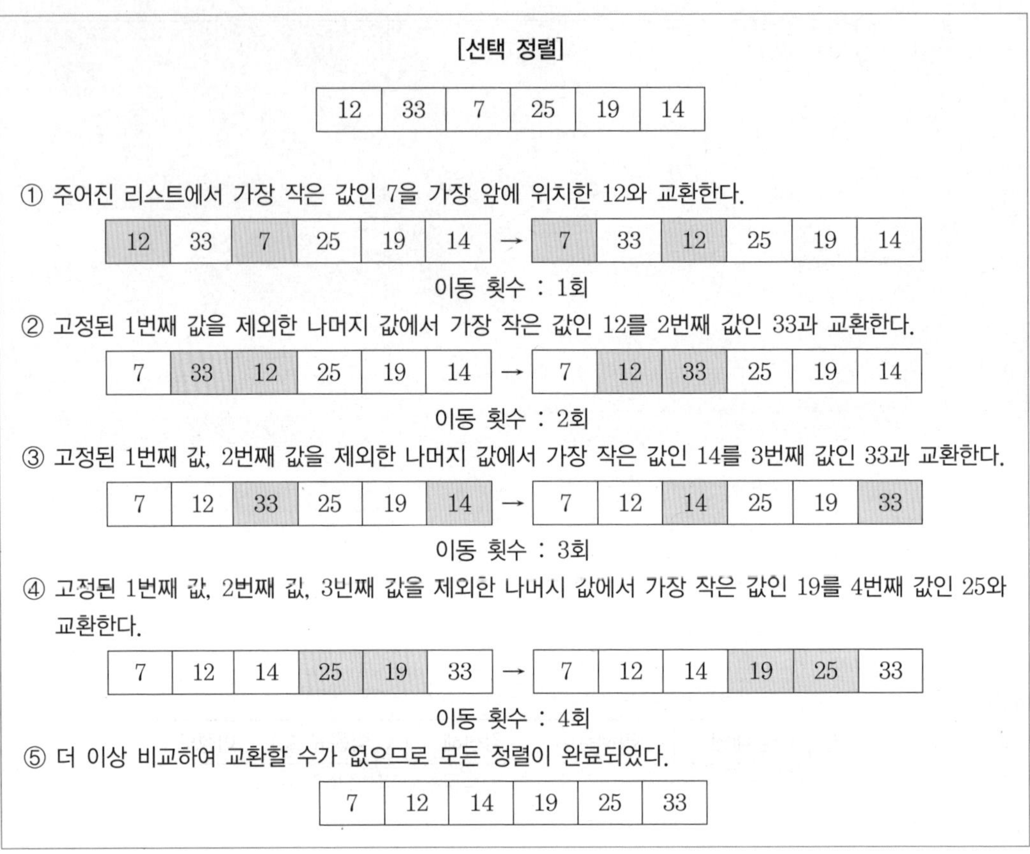

[선택 정렬]

12	33	7	25	19	14

① 주어진 리스트에서 가장 작은 값인 7을 가장 앞에 위치한 12와 교환한다.

12	33	7	25	19	14	→	7	33	12	25	19	14

이동 횟수 : 1회

② 고정된 1번째 값을 제외한 나머지 값에서 가장 작은 값인 12를 2번째 값인 33과 교환한다.

7	33	12	25	19	14	→	7	12	33	25	19	14

이동 횟수 : 2회

③ 고정된 1번째 값, 2번째 값을 제외한 나머지 값에서 가장 작은 값인 14를 3번째 값인 33과 교환한다.

7	12	33	25	19	14	→	7	12	14	25	19	33

이동 횟수 : 3회

④ 고정된 1번째 값, 2번째 값, 3빈째 값을 제외한 나버시 값에서 가장 작은 값인 19를 4번째 값인 25와 교환한다.

7	12	14	25	19	33	→	7	12	14	19	25	33

이동 횟수 : 4회

⑤ 더 이상 비교하여 교환할 수가 없으므로 모든 정렬이 완료되었다.

7	12	14	19	25	33

예제

9	12	3	17	8	24

정답 3회

11

22	11	34	23	6	40

12

9	18	34	22	36	39

13

2	9	13	31	28	24

14

10	27	15	21	34	35

15

19	28	33	27	40	4

※ 민수는 불규칙적으로 놓여 있는 숫자 카드를 정리하고자 한다. 다음 버블 정렬에 대한 설명을 읽고 숫자 카드를 버블 정렬에 따라 왼쪽부터 오름차순으로 정렬할 때, 정렬이 완료될 때까지 필요한 회전수를 구하시오. **[16~20]**

[버블 정렬]

43	27	35	6	22	10

① 주어진 리스트에서 1번째 값인 43과 2번째 값인 27을 비교하여 작은 값인 27이 앞에 오도록 한다.

43	27	35	6	22	10	→	27	43	35	6	22	10

② 2번째 값인 43과 3번째 값인 35를 비교하여 작은 값인 35가 앞에 오도록 한다.

27	43	35	6	12	10	→	27	35	43	6	12	10

③ 이 작업을 반복하여 $(n-1)$번째 값과 n번째 값까지 비교한다. n번째 값이 고정되면 1회전 한 것으로 본다.

	27	35	43	6	12	10	→	27	35	6	43	12	10
→	27	35	6	12	43	10	→	27	35	6	12	10	43
→	27	35	6	12	10	43							

④ 리스트의 모든 숫자가 고정될 때까지 고정되지 않은 숫자들에 한해서 ①~③ 과정을 반복한다.

예제

45	8	15	11	53

정답 2회전

16

4	41	14	25	34

17

51	11	32	24	9

18

3	21	34	19	28

19

28	17	12	34	63

20

34	51	40	37	19

CHAPTER

02 이산수학 대표유형

※ 다음 그림과 같이 직사각형 밭의 한 변에 말뚝 a개를 박고 맞은편에 말뚝 b개를 박은 후 양쪽 말뚝끼리 이어 구역을 나누고자 한다. 모든 말뚝이 연결될 필요는 없으나 개수가 적은 쪽의 말뚝은 모두 연결되어야 하며, 이은 말뚝끼리 교차되어서는 안 된다. 이때 구역을 나눌 수 있는 경우의 수를 구하시오(단, 1개의 말뚝은 2개 이상의 말뚝과 연결할 수 없다). **[1~5]**

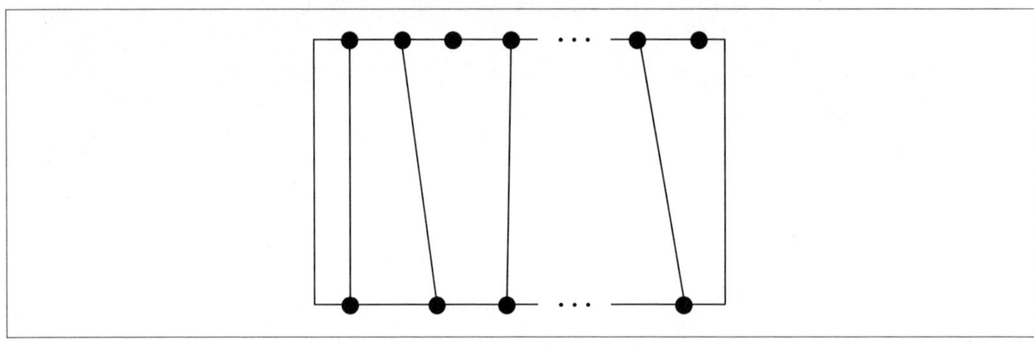

예제

$a=5,\ b=3$

정답 해설

개수가 많은 쪽의 말뚝에서 개수가 적은 쪽의 말뚝의 개수만큼 고르면 된다.

1개의 말뚝은 2개 이상의 말뚝과 연결할 수 없으므로 중복을 허용하지 않기 때문에 조합 공식을 이용하여 풀이한다.

$${}_n\mathrm{C}_r=\frac{n!}{r!(n-r)!}$$

따라서 구역을 나눌 수 있는 경우의 수는 ${}_5\mathrm{C}_3=\frac{5!}{3!\times2!}=\frac{5\times4}{2\times1}=10$가지이다.

정답 10가지

01

$a=6,\ b=3$

정답 해설

$${}_6C_3=\frac{6!}{3!\times 3!}=\frac{6\times 5\times 4}{3\times 2\times 1}=20$$

정답 20가지

02

$a=7,\ b=5$

정답 해설

$${}_7C_5=\frac{7!}{5!\times 2!}=\frac{7\times 6}{2\times 1}=21$$

정답 21가지

03

$a=9,\ b=9$

정답 해설

$${}_9C_9=1$$

정답 1가지

04

$a=8,\ b=12$

정답 해설

$${}_{12}C_8=\frac{12!}{8!\times4!}=\frac{12\times11\times10\times9}{4\times3\times2\times1}=495$$

정답 495가지

05

$a=10,\ b=15$

정답 해설

$${}_{15}C_{10}=\frac{15!}{10!\times5!}=\frac{15\times14\times13\times12\times11}{5\times4\times3\times2\times1}=3{,}003$$

정답 3,003가지

CHAPTER

02 이산수학 유형점검

정답 및 해설 p.007

※ 다음 합집합에 대한 설명을 읽고, A와 B의 합집합의 원소 개수를 구하시오. [1~5]

집합 A와 B의 합집합은 A 또는 B에 속하는 원소들로 이루어진 집합이며, A∪B로 표현한다. 예를 들어, 집합 A={1, 2}, B={2, 3, 4}라면, A와 B의 합집합은 A∪B={1, 2, 3, 4}이다. 이때 A∪B의 원소의 개수는 A의 원소의 개수와 B의 원소의 개수의 합에서 A와 B에 모두 들어있는 원소의 개수를 뺀 값과 같다.

예제

A={1, 2, 3, 4, 5, 6, 7, 8, 9, 10}
B={2, 4, 6, 8, 10, 12, 14, 16, 18, 20}

정답 15개

01

A={10, 20, 30, 40, 50, 60, 70, 80}
B={2, 4, 6, 8, 10}

02

A={1, 3, 5, 7, 9, 11, 13, 15, 17, 19, 21, 23, 25, 27, 29}
B={5, 10, 15, 20, 25, 30, 35, 40, 45, 50}

03

A={2, 4, 6, 8, 10, 12, 14, 16, 18}
B={b, c, d, e, f, g, h, i, j}

04

A={1, a, 2, b, 3, c, 4, d, 5, e}
B={a, 1, b, 2, c, 3, d, 4, e, 5}

05

A={0, 10, 20, 30, 40, 50, 60, 70, 80, 90, 100, 200, 300, 400, 500}
B={10, 100, 20, 200, 30, 300, 40, 400, 50, 500}

※ 바구니에 사과가 x개 있다. y명에게 똑같이 나누어 줄 때, 남은 사과의 개수를 구하시오. [6~10]

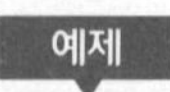

$$x=100,\ y=3$$

정답 1개

06

$$x=257,\ y=11$$

07

$x=512,\ y=32$

08

$x=797,\ y=32$

09

$x=1{,}501,\ y=53$

10

$x=1{,}331,\ y=21$

※ 다음 x의 $y\%$에 해당하는 값을 구하시오. [11~15]

예제

$x=50,\ y=40$

정답 20

11 $x=90,\ y=47$

12

$x=35,\ y=86$

13

$x=6,848,\ y=27$

14

$x = 12{,}879,\ y = 64$

15

$x = 32{,}542,\ y = 70$

※ 다음 x의 y제곱에 해당하는 값을 구하시오. [16~20]

$x=2,\ y=3$

정답 8

16

$x=3,\ y=5$

17

$x = 7,\ y = 4$

18

$x = 9,\ y = 5$

19

$x=5,\ y=8$

20

$x=11,\ y=6$

※ 그릇에 물방울이 떨어지고 있다. 주어진 조건에 따라 그릇에 물이 가득 차려면 몇 초가 걸리는지 구하시오. [21~25]

예제

1L 그릇, 1초당 1mL

정답 1,000초

PART 1 CT 유형학습

21

1L 그릇, 1초당 2mL

22

2L 그릇, 3초당 5mL

23

3L 그릇, 5초당 1.5mL

24

9.1L 그릇, 13초당 13mL

25

17.5L 그릇, 150초당 10mL

※ 어느 마트에서 라면 x개를 묶음으로 1묶음을 사면 y개를 덤으로 주는 행사를 하고 있다. 라면을 n개 사려면 몇 묶음을 구매해야 하는지 구하시오(단, 묶음으로 구입 후 부족한 개수는 낱개로 구매한다). [26~30]

$x=5,\ y=1,\ n=12$

정답 2묶음

26

$x=4,\ y=2,\ n=25$

27

$x=10,\ y=3,\ n=300$

28

$x=5,\ y=2,\ n=800$

29

$x=25,\ y=5,\ n=3{,}500$

30

$x=24,\ y=4,\ n=10{,}000$

※ x만큼의 소지금이 있었다. 일정 기간 매일 n만큼의 소지금을 사용하여 현재 y만큼 잔금이 남았을 때, 가장 큰 n의 값을 구하시오(단, n은 1을 제외한 소수이다). **[31~35]**

예제

$x=10,\ y=1$

정답 3

31

$x=50,\ y=16$

32

$x=100,\ y=15$

33

$x=1{,}000,\ y=8$

34

$x=1,200,\ y=61$

35

$x=1,500,\ y=95$

※ a부터 b까지 짝수의 합을 구하시오. [36~40]

$a=1$, $b=10$

정답 30

36

$a=6$, $b=20$

37

$a=10,\ b=50$

38

$a=12,\ b=70$

39

$a=38,\ b=120$

40

$a=30,\ b=256$

※ 1번째부터 n번째 페이지까지 있는 책이 있다. 모든 페이지의 합이 주어질 때, 해당 책의 마지막 페이지 번호를 구하시오. **[41~45]**

예제

28

정답 7

41

10

42

55

43

1,275

44

1,378

45

2,701

※ n의 약수와 배수는 걸러지고, 나머지 수는 통과할 수 있는 거름망이 있다. n과 통과할 수에 대한 배열이 다음과 같을 때, 통과한 수의 총개수를 구하시오. **[46~50]**

예제

$n=15$
수 배열 : $1\sim7$

정답 4개

46

$n=27$
수 배열 : $1\sim27$

47

$n=30$
수 배열 : 1 ~ 100

48

$n=50$
수 배열 : 1 ~ 70, 100 ~ 150

49

$n=72$
수 배열 : 1 ~ 50, 70 ~ 100, 120 ~ 150

50

$n=24$
수 배열 : 1 ~ 1,000

※ 어느 공장에서 X원료를 개당 a원에 구입하여 가공 후 구입 비용의 c%의 이율을 붙여 판매하려고 한다. 가공비가 개당 b원이고 전체 판매 개수가 n개일 때, 순이익을 구하시오(단, 불량 및 반품으로 인한 손해는 없다). **[51~55]**

예제

$a=500$, $b=50$, $c=20$, $n=1,000$

정답 50,000원

51

$a=2,000$, $b=200$, $c=25$, $n=2,500$

52

$a=5{,}000,\ b=1{,}000,\ c=40,\ n=10{,}000$

53

$a=10{,}000,\ b=5{,}000,\ c=50,\ n=25{,}000$

54

$a=25{,}000,\ b=15{,}000,\ c=75,\ n=50{,}000$

55

$a=30{,}000,\ b=15{,}000,\ c=115,\ n=50{,}000$

※ 어느 세 나라의 인구수가 다음과 같을 때, 인구수의 총합을 구하시오. [56~60]

15,998,748　68,498,416　894,483

정답 85,391,647

56

8,768,464　48,108,784　9,784,310

57

7,984,046　49,130,144　9,480,166

58

65,436,546　18,746,310　9,687,498

59

5,153,746 15,254,771 81,397,254

60

11,265,898 78,257,556 12,785,488

※ 반지름이 r인 바퀴가 x개 있을 때, 전체 바퀴의 넓이를 구하시오(단, 원주율은 3.14로 계산한다). [61~65]

예제

$r=3,\ x=28$

정답 791.28

61

$r=5,\ x=40$

62

$r=6,\ x=80$

63

$r=12,\ x=240$

64

$r=40,\ x=750$

65

$r=50,\ x=4{,}000$

※ 영재는 한 변의 길이가 $x$cm인 정사각형 모양의 천 조각을 n개 가지고 있다. 이 천 조각을 나란히 연결하여 가능한 가장 큰 정사각형 모양의 천을 만들고자 한다. 이때, 천 조각 여러 개로 만든 가장 큰 정사각형 모양 천의 한 변의 길이를 구하시오(단, 천 조각을 겹쳐서 연결하지 않으며, 모든 천 조각을 사용하지 않아도 된다). **[66~70]**

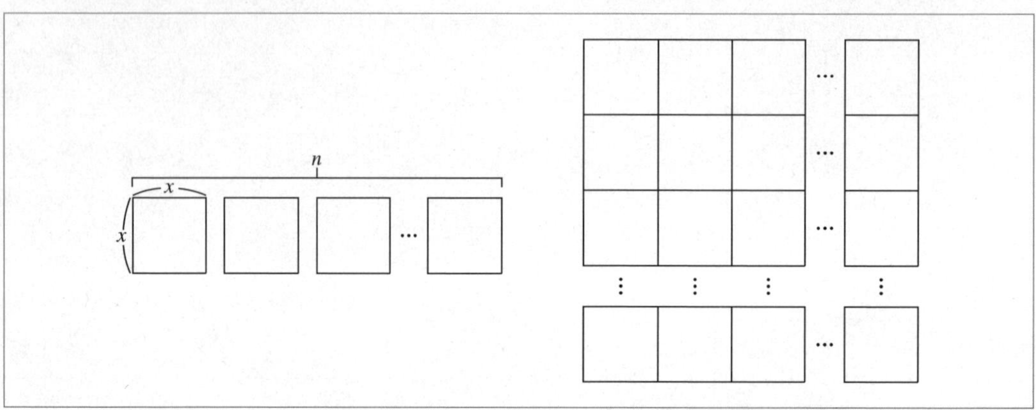

예제

$x=2,\ n=13$

정답 6cm

66

$x=3,\ n=11$

67

$x=3,\ n=27$

68

$x=7,\ n=45$

69

$x=5,\ n=50$

70

$x=11,\ n=111$

※ 현재 소금물의 농도를 목표 농도로 만들려고 한다. 한 컵에 xmL만큼 담겨 있는 물을 최소 몇 번 부어야 하는지 구하시오. **[71~75]**

예제

현재 소금물 : 100mL 20%
목표 농도 : 10%
$x=5$

정답 20번

71

현재 소금물 : 120mL 10%
목표 농도 : 5%
$x=3$

72

현재 소금물 : 150mL 8%
목표 농도 : 4%
$x=6$

73

현재 소금물 : 200mL 18%
목표 농도 : 15%
$x=10$

74

현재 소금물 : 250mL 12%

목표 농도 : 6%

$x=25$

75

현재 소금물 : 500mL 17%

목표 농도 : 5%

$x=50$

※ 자동차가 일정한 속력으로 도로를 주행 중이다. 자동차의 속력과 이동 거리가 다음과 같을 때, 총 몇 분이 걸리는지 구하시오(단, 모든 계산은 소수점 셋째 자리에서 반올림한다). **[76~80]**

예제

속력 : 10m/s 이동 거리 : 1km

정답 1.67분

76

속력 : 12m/s 이동 거리 : 2km

77

속력 : 9m/s
이동 거리 : 3km

78

속력 : 17m/s
이동 거리 : 500m

79

속력 : 21m/s
이동 거리 : 4,521m

80

속력 : 50m/s
이동 거리 : 8,000km

※ 서로 다른 모양이 그려진 카드 n장이 있다. 이 카드 꾸러미에서 순서를 고려하지 않고 r장을 뽑을 수 있는 경우의 수를 구하시오. **[81~85]**

$n=4,\ r=2$

정답 6가지

81

$n=4,\ r=3$

82

$n=5,\ r=2$

83

$n=6,\ r=4$

84

$n=7,\ r=3$

85

$n=8,\ r=3$

PART 1 CT 유형학습

※ 원 모양 판에 크기와 모양이 같은 구역을 여러 개 나누어 돌림판을 만들고자 한다. n개의 구역을 나누어 n가지의 뽑기를 배치할 때, 가능한 경우의 수를 구하시오(단, 회전하여 일치하는 것은 모두 같은 것으로 본다). **[86~90]**

예제

$n=4$

정답 6가지

86

$n=5$

87

$n=7$

88

$n=8$

89

$n=10$

90

$n=11$

※ 편의점 직원인 원희는 새로 입고된 상품을 진열하고자 한다. n가지 신상품이 입고되었을 때, r가지 상품을 골라 진열한다면, 진열할 수 있는 경우의 수를 구하시오(단, 서로 위치를 바꾸어 진열한 것은 다른 진열로 취급한다). **[91~95]**

예제

$n=5,\ r=2$

정답 20가지

91

$n=5,\ r=3$

92

$n=6,\ r=2$

93

$n=6,\ r=4$

94

$n = 7,\ r = 3$

95

$n = 8,\ r = 4$

※ 다음 〈보기〉를 참고하여 주어진 10진수를 2진수로 변환하여 나타내시오. **[96~100]**

보기

- 괄호 안의 숫자는 '진수'를 말한다.
- 10진수를 2진수로 변환하는 방법
  10진수의 값을 더 이상 2로 나눌 수 없을 때까지 2로 계속 나눈 뒤 나머지를 역순으로 읽으면 2진수가 된다.
  예 $6_{(10)}$을 2진수로 나타내면 다음과 같다.

  2 | 6
  2 | 3 … 0
  1 … 1

  $6_{(10)}=110_{(2)}$

예제

$9_{(10)}$

정답 $1001_{(2)}$

96

$12_{(10)}$

97

$24_{(10)}$

98

$30_{(10)}$

99

$46_{(10)}$

100

$55_{(10)}$

※ 다음 〈보기〉를 참고하여 주어진 2진수를 10진수로 변환하여 나타내시오. **[101~105]**

보기

- 괄호 안의 숫자는 '진수'를 말한다.
- 2진수를 10진수로 변환하는 방법
  2진수의 맨 오른쪽을 0번째로 기준으로 하여 맨 오른쪽부터 2의 자리 번호만큼 제곱한 값과 곱하여 그 값을 모두 더하면 10진수가 된다.

…	$2^8=256$	$2^7=128$	$2^6=64$	$2^5=32$	$2^4=16$	$2^3=8$	$2^2=4$	$2^1=2$	$2^0=1$

예 $1010_{(2)}$을 10진수로 나타내면,
$1\times2^3+0\times2^2+1\times2^1+0\times2^0=10$이다.

예제

$1100_{(2)}$

정답 12

101 $11111_{(2)}$

102

$100011_{(2)}$

103

$1110111_{(2)}$

104

$10011110_{(2)}$

105

$111100001_{(2)}$

※ 다음 〈보기〉를 참고하여 주어진 8진수를 10진수로 변환하여 나타내시오. **[106~110]**

보기

- 괄호 안의 숫자는 '진수'를 말한다.
- 8진수를 10진수로 변환하는 방법
  8진수의 맨 오른쪽을 0번째로 기준으로 하여 맨 오른쪽부터 8의 자리 번호만큼 제곱한 값과 곱하여 그 값을 모두 더하면 10진수가 된다.

…	$8^3=512$	$8^2=64$	$8^1=8$	$8^0=1$

예 $126_{(8)}$을 10진수로 나타내면,
$1\times8^2+2\times8^1+6\times8^0=64+16+6=86$이다.

예제

$17_{(8)}$

정답 15

106

$32_{(8)}$

107

$65_{(8)}$

108

$100_{(8)}$

PART 1 CT 유형학습

109

$270_{(8)}$

110

$1403_{(8)}$

※ 영주가 방문한 문화센터의 프로그램 A ~ E의 시작 시각 및 종료 시각은 다음과 같다. 하나의 프로그램에 참여하고 있는 동안에는 다른 프로그램에 참여할 수 없으며, 종료 시각까지 참여해야 한다. 최대한 많은 프로그램에 참여하려고 할 때, 영주의 참여 순서를 구하시오. **[111~115]**

예제

구분	A	B	C	D	E
시작 시각	09:30	12:00	12:00	13:30	11:30
종료 시각	11:00	13:30	14:30	15:00	12:00

정답 A → E → B → D

111

구분	A	B	C	D	E
시작 시각	10:00	10:00	11:00	12:00	13:30
종료 시각	11:30	10:30	13:30	15:30	15:00

112

구분	A	B	C	D	E
시작 시각	08:00	09:00	14:00	15:00	16:30
종료 시각	12:30	14:30	15:30	18:00	18:30

113

구분	A	B	C	D	E
시작 시각	12:00	12:30	14:00	14:30	16:00
종료 시각	14:00	15:30	15:00	16:30	18:00

114

구분	A	B	C	D	E
시작 시각	09:00	11:30	12:00	15:00	13:00
종료 시각	11:30	15:00	13:30	18:00	16:00

115

구분	A	B	C	D	E
시작 시각	09:00	10:30	12:00	13:30	15:00
종료 시각	13:30	12:00	14:00	15:30	18:00

※ 번호와 무게가 같은 물건이 있다. 다음과 같이 컨테이너에 물건을 넣을 때 가장 무거운 곳은 몇 번째 열인지 구하시오(단, 열은 왼쪽부터 0번째로 시작한다). **[116~120]**

예제

5	2	25	9
3	7	4	9
1	28	2	7
0	1	3	4
8	9	1	8

정답 1번째

116

84	84	56	1	6	9
5	3	41	35	64	60
23	1	3	32	13	70
15	3	3	45	3	1
3	2	5	5	6	3

117

48	78	48	18	16	44	25
68	49	86	78	86	5	4
13	84	86	84	15	58	98
12	65	15	68	35	48	84
58	15	15	15	84	68	10

118

15	14	84	15	35	71	72	0
68	87	3	35	84	71	24	0
18	18	18	1	54	8	64	0
87	91	48	1	49	89	48	254
68	78	78	99	6	84	96	8
48	98	97	99	8	15	4	9

119

123	9	15	756	15	1	6	155	498
321	78	68	64	79	1	48	87	74
12	87	13	12	789	4	89	68	86
321	48	58	0	87	48	64	15	7
18	48	15	68	15	13	14	12	18
123	654	16	0	65	654	2	514	83
321	15	820	1	0	123	651	75	67

120

687	79	687	13	323	543	906	455	87	520	98
657	235	719	138	351	61	638	500	73	863	480
87	874	97	100	75	638	879	33	680	36	183
798	87	721	879	431	519	876	99	974	96	76
74	896	871	67	403	73	54	777	896	688	798
284	548	815	118	41	682	58	888	768	873	60
54	54	98	46	84	35	48	98	48	15	68
67	97	18	98	48	35	15	28	26	21	46

※ 숫자 악보의 기준 음표는 x이다. 악보에서 x와 차이나는 만큼 x 미만의 수는 빼고, x 초과의 수는 더한다. 악보가 다음과 같이 주어질 때, 마지막 음표까지 계산한 값을 구하시오(단, 악보의 왼쪽부터 오른쪽으로 순서대로 계산하며, 기준 음표와 값이 같으면 0을 더한다). **[121~125]**

예제

$x=4$

악보 : 1 2 3 4 5 6

정답 −3

121

$x=50$

악보 : 17 20 35 40 50 51 52 53 100

122

$x = 77$

악보 : 1 2 3 4 5 6 78 79 80 81 82

123

$x = 1$

악보 : 123 214 597 1,000

124

$x = 123$

악보 : 15 18 19 55 76 159 456 753 833

125

$x = 951$

악보 : 8 34 123 456 789 987 1,059 2,097 3,079 4,983 5,777

※ 솜사탕이 하늘에서 떨어지고 있다. 솜사탕의 크기와 하강 기류의 배열이 다음과 같을 때, 솜사탕 크기가 0이 되지 않고 최대한 빨리 낙하하도록 해야 한다. 낙하하는 데 (하강 기류의 개수)×10초만큼의 시간이 걸리며 하강 기류를 탈 경우, 하강 기류의 수치만큼 걸리는 시간(초)에서 제외한다. 이때 하강 기류의 수치만큼 솜사탕의 크기가 작아진다. 솜사탕이 낙하하는 데 걸리는 최소 시간을 구하시오(단, 하강 기류는 배열의 왼쪽부터 타야 하며, 반드시 하강 기류를 타지 않아도 된다). **[126~130]**

예제

솜사탕 크기 : 5 하강 기류 : 2 2 3 3

정답 36초

126

솜사탕 크기 : 10 하강 기류 : 4 5 6 7 10 11 12

127

솜사탕 크기 : 8
하강 기류 : 4 8 2 4 6 7 9 2

128

솜사탕 크기 : 3
하강 기류 : 4 9 8 6 7 8 9 6 8 3 4 3 8 4 2 3 7

129

솜사탕 크기 : 8
하강 기류 : 3 5 5 4 8 12 6 10 9 6 9 10 5 8 8 9 11 6 11 9 6

130

솜사탕 크기 : 4
하강 기류 : 2 3 4 … 90

※ 스키를 타는데 깃발을 태그할 때마다 총 도달 시간에서 3초씩 감면해 준다. 경로의 깃발 개수, 도달 시간, 깃발 태그 능력이 다음과 같을 때, 감면 후 도달 시간을 구하시오. **[131~135]**

예제

경로 깃발 개수 10개, 도달 시간 180초, 깃발 태그 능력 20%

정답 174초

131

경로 깃발 개수 15개, 도달 시간 210초, 깃발 태그 능력 20%

132

경로 깃발 개수 14개, 도달 시간 200초, 깃발 태그 능력 50%

133

경로 깃발 개수 20개, 도달 시간 190초, 깃발 태그 능력 10%

134

경로 깃발 개수 30개, 도달 시간 175초, 깃발 태그 능력 30%

135

경로 깃발 개수 20개, 도달 시간 243초, 깃발 태그 능력 90%

CHAPTER

03 완전탐색/DFS/BFS 대표유형

※ 다음은 트리의 중위 순회에 대한 설명이다. 이에 따라 주어진 노드를 중위 순회로 탐색 시 타깃 알파벳은 몇 번째에서 찾을 수 있는지 구하시오. [1~5]

> 트리는 1개 이상의 유한한 개수의 노드가 서로 겹치지 않고 루프를 만들지 않는 링크로 연결된 자료구조이다. 상위 노드(부모 노드)가 없는 노드를 루트 노드라고 하며, 하나의 트리는 단 하나의 루트 노드를 가진다. 하위 노드(자식 노드)가 없는 노드를 잎 노드라고 한다.
> 트리의 자료 탐색 과정 중 중위 순회는 해당 자료구조에서 '왼쪽 자식 노드 → 부모 노드 → 오른쪽 자식 노드' 순서로 탐색하는 과정이다.

예제

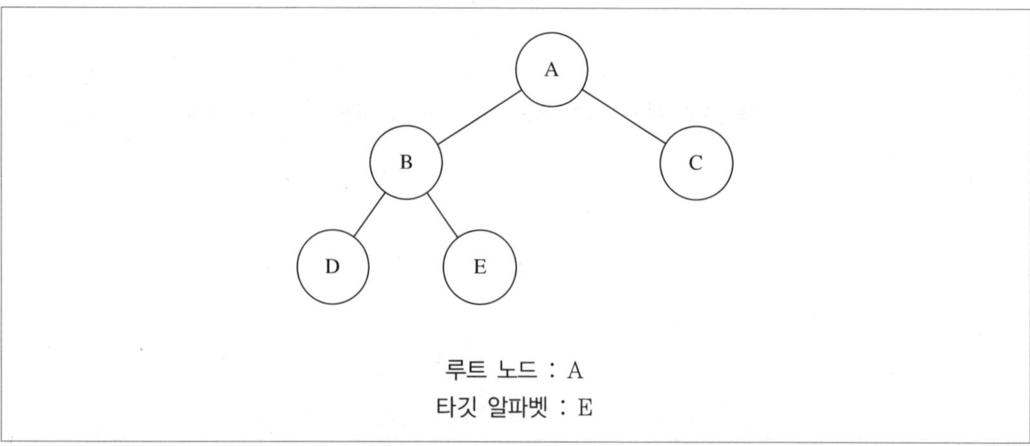

정답 해설

가장 왼쪽 자식 노드인 D를 탐색한다. 그 후에 D의 부모 노드인 B를 탐색하고, B의 오른쪽 자식 노드인 E를 탐색한다. B의 모든 자식 노드를 탐색했으므로 부모 노드인 A를 탐색한다. 이어서 A의 오른쪽 자식 노드인 C를 탐색한다.
따라서 탐색 순서는 D → B → E → A → C이므로 E는 3번째에서 찾을 수 있다.

정답 3번째

01

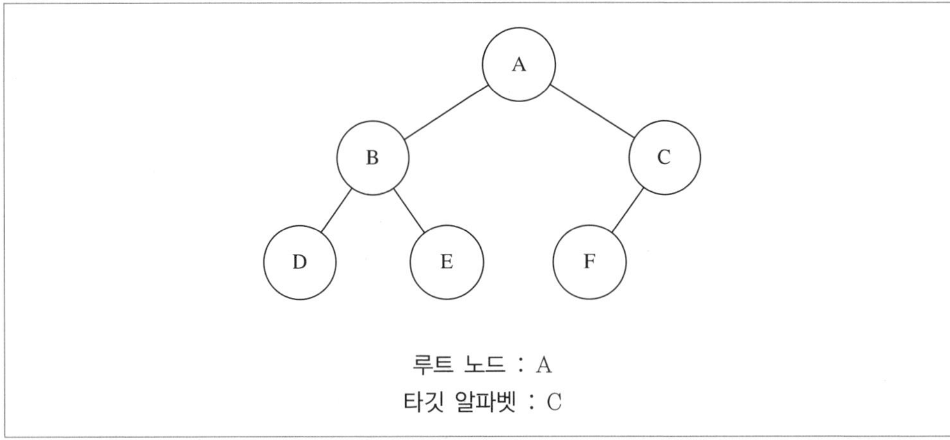

정답 해설

가장 왼쪽 자식 노드인 D를 탐색한다. 그 후에 D의 부모 노드인 B를 탐색하고, B의 오른쪽 자식 노드인 E를 탐색한다. B의 모든 자식 노드를 탐색했으므로 부모 노드인 A를 탐색한다. 이어서 A의 오른쪽 자식 노드인 C를 탐색해야 하지만, C의 자식 노드 F가 있으므로 F를 먼저 탐색하고 C를 탐색한다.
따라서 탐색 순서는 D → B → E → A → F → C이므로 C는 6번째에서 찾을 수 있다.

정답 6번째

02

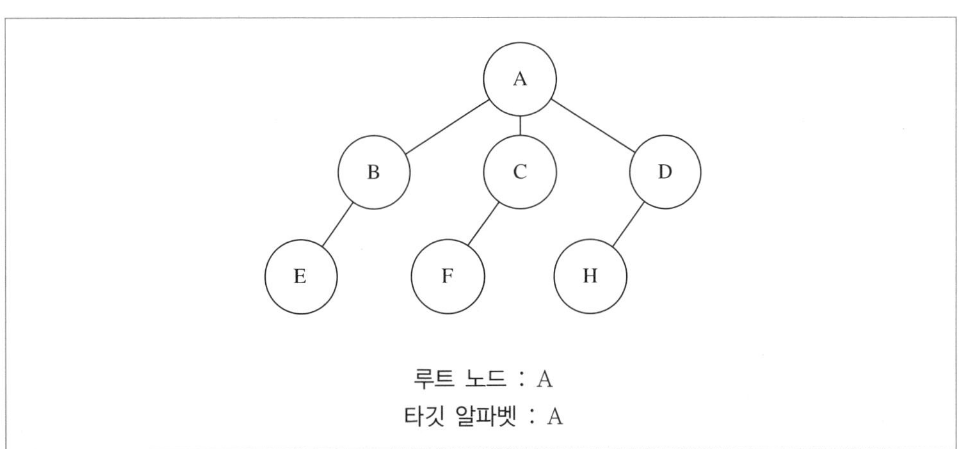

정답 해설

가장 왼쪽 자식 노드인 E를 탐색한다. 그 후에 E의 부모 노드인 B를 탐색한다.
B의 모든 하위 노드를 탐색했으므로 부모 노드인 A를 탐색한다. 이어서 A의 하위 노드 중 B의 오른쪽 노드인 C를 탐색해야 하지만, C의 자식 노드인 F가 있으므로 F를 먼저 탐색하고 C를 탐색한다. 이어서 H → D도 같은 순서로 탐색한다.
따라서 탐색 순서는 E → B → A → F → C → H → D이므로 A는 3번째에서 찾을 수 있다.

정답 3번째

03

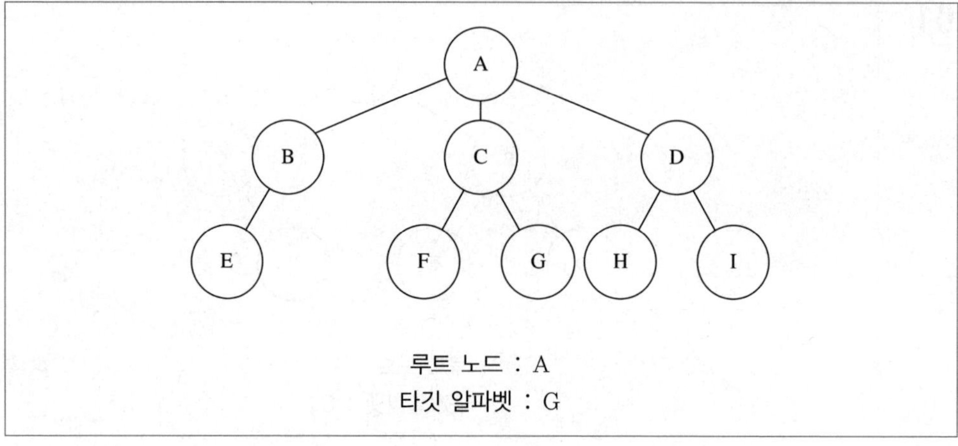

정답 해설

가장 왼쪽 자식 노드인 E를 탐색한다. 그 후에 E의 부모 노드인 B를 탐색한다.
B의 모든 하위 노드를 탐색했으므로 부모 노드인 A를 탐색한다. 이어서 A의 하위 노드 중 B의 오른쪽 노드인 C를 탐색해야 하지만, C의 왼쪽 자식 노드인 F, 오른쪽 자식 노드인 G가 있으므로 F를 먼저 탐색하고 C를 탐색 후 G를 탐색한다.
이어서 H → D → I도 같은 순서로 탐색한다.
따라서 탐색 순서는 E → B → A → F → C → G → H → D → I이므로 G는 6번째에서 찾을 수 있다.

정답 6번째

04

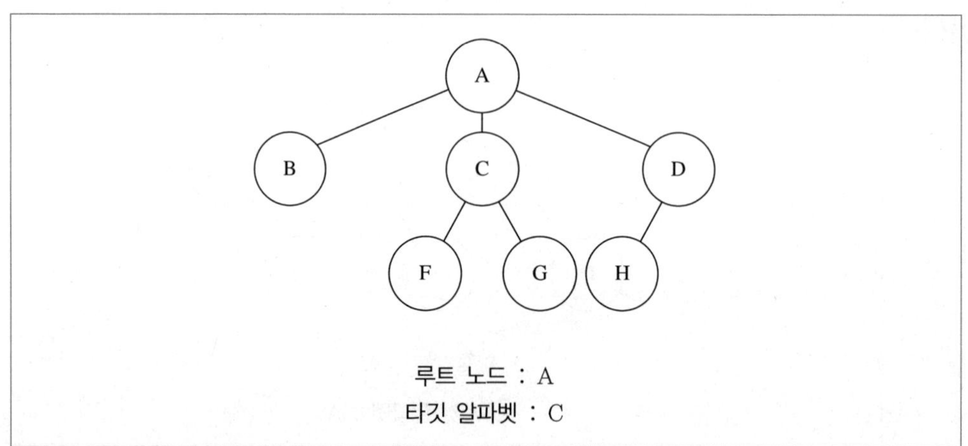

정답 해설

가장 왼쪽 자식 노드인 B를 탐색한다. 그 후에 B의 부모 노드인 A를 탐색한다. 이어서 A의 하위 노드 중 B의 오른쪽 노드인 C를 탐색해야 하지만, C의 왼쪽 자식 노드인 F, 오른쪽 자식 노드인 G가 있으므로 F를 먼저 탐색하고 C를 탐색 후 G를 탐색한다. 이어서 H → D도 같은 순서로 탐색한다.
따라서 탐색 순서는 B → A → F → C → G → H → D이므로 C는 4번째에서 찾을 수 있다.

정답 4번째

05

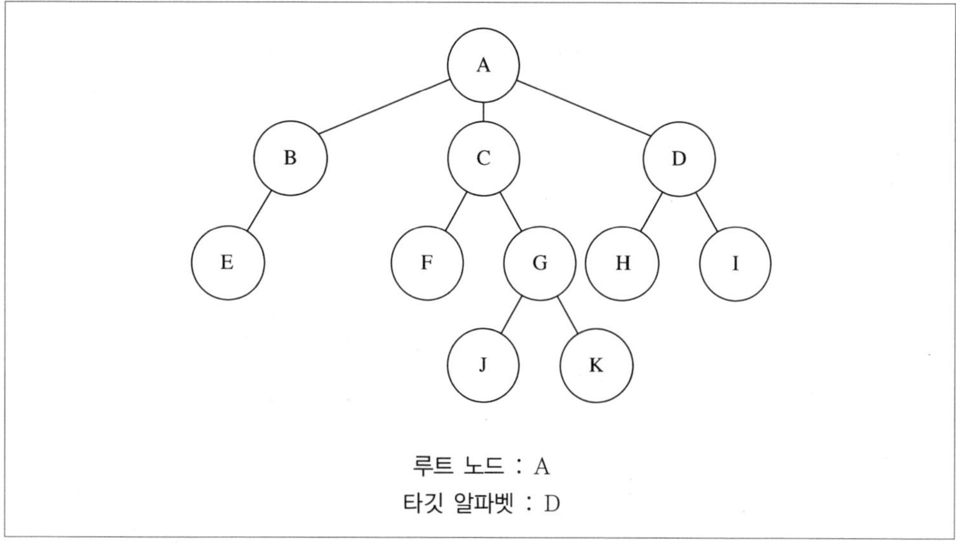

정답 해설

가장 왼쪽 자식 노드인 E를 탐색한다. 그 후에 E의 부모 노드인 B를 탐색한다.
B의 모든 하위 노드를 탐색했으므로 부모 노드인 A를 탐색한다. 이어서 A의 하위 노드 중 B의 오른쪽 노드인 C를 탐색해야 하지만, C의 왼쪽 자식 노드인 F, 오른쪽 자식 노드인 G가 있으므로 F를 먼저 탐색하고 C를 탐색한다.
그 후에 G를 탐색해야 하지만, G의 하위 노드가 있으므로 G를 탐색하기 전 G의 왼쪽 자식 노드인 J를 먼저 탐색 후 J의 부모 노드인 G를 탐색하고 이어서 G의 오른쪽 자식 노드인 K를 탐색한다. 이어서 H → D → I도 같은 순서로 탐색한다.
따라서 탐색 순서는 E → B → A → F → C → J → G → K → H → D → I이므로 D는 10번째에서 찾을 수 있다.

정답 10번째

CHAPTER

03 완전탐색/DFS/BFS 유형점검

정답 및 해설 p.029

※ 인수는 영어 단어나 문장을 제시하면 점수를 득점하는 게임을 하고 있다. 다음 점수표를 바탕으로 득점할 때, 인수가 받는 점수의 총합을 구하시오(단, 공란과 특수문자는 0점을 얻는다). **[1~5]**

A	1	H	8	O	15	V	22
B	2	I	9	P	16	W	23
C	3	J	10	Q	17	X	24
D	4	K	11	R	18	Y	25
E	5	L	12	S	19	Z	26
F	6	M	13	T	20		
G	7	N	14	U	21		

예제

PROGRAM

정답 88점

01

CODDING

02

KEYBOARD

03

RECOMMEND

04

BE CAREFUL!

05

I BELIEVE I CAN FLY!

※ 한글의 자음과 모음을 다음과 같이 수에 대응시켜 '(초성에 대응하는 수)×1,000+(모음에 대응하는 수)×100+(받침에 대응하는 수)×10'으로 합을 구한 후 저장하고자 한다. 글자에 대응하는 수를 구하시오. [6~10]

〈자음〉

ㄱ	1	ㅅ	7	ㅍ	13	ㅉ	19	ㄼ	25
ㄴ	2	ㅇ	8	ㅎ	14	ㄳ	20	ㄽ	26
ㄷ	3	ㅈ	9	ㄲ	15	ㄵ	21	ㄾ	27
ㄹ	4	ㅊ	10	ㄸ	16	ㄶ	22	ㄿ	28
ㅁ	5	ㅋ	11	ㅆ	17	ㄺ	23	ㅀ	29
ㅂ	6	ㅌ	12	ㅃ	18	ㄻ	24	ㅄ	30

〈모음〉

ㅏ	1	ㅛ	6	ㅐ	11	ㅙ	16	ㅢ	21
ㅑ	2	ㅜ	7	ㅒ	12	ㅚ	17		
ㅓ	3	ㅠ	8	ㅔ	13	ㅝ	18		
ㅕ	4	ㅡ	9	ㅖ	14	ㅞ	19		
ㅗ	5	ㅣ	10	ㅘ	15	ㅟ	20		

예제

빵

정답 18,180

06

닻

07

앎

08

칡

09

몫

10

닭

※ n번째 소수를 구하시오(단, 가장 작은 소수가 0번째이고, 다음 순서는 차례대로 소수가 커진다). [11~15]

예제

3

정답 7

11

5

12

10

13

25

PART 1 CT 유형학습

14

30

15

45

※ 연재는 친구와 3・6・9 게임을 하고 있다. 3・6・9 게임은 1부터 순서대로 숫자를 부르며 3, 6, 9가 들어가는 수는 수를 부르지 않고 박수를 치는 게임이다. 예를 들어 '15'를 외칠 순서에는 그대로 '15'를 외쳐야 하고, '31'을 외칠 순서에는 박수를 1회 쳐야 하며, '63'을 외칠 순서에는 박수를 2회 쳐야 한다. 3・6・9 게임이 n에서 끝날 때, 끝날 때까지 박수를 친 총횟수를 구하시오. **[16~20]**

예제

$n=10$

정답 3회

16

$n=15$

17

$n = 25$

18

$n = 35$

19

$n = 44$

20

$n = 77$

※ X색과 Y색이 있다. 이 두 색의 수치를 동일하게 만들려고 한다. 서로 같게 만드는 방법은 서로 수치가 같아질 때까지 (X－Y)÷2의 절댓값에 대한 약수들을 이용하여 수치가 큰 색에서 빼거나 수치가 작은 색에 더하는 방법이 있다. 최소 몇 번을 더하거나 빼야 서로 같은 색이 되는지 구하시오[단, (X－Y)÷2의 절댓값은 약수에서 제외한다]. **[21~25]**

예제

X색 : 15, Y색 : 21

정답 6번

21

X색 : 10, Y색 : 50

22

X색 : 47, Y색 : 81

23

X색 : 120, Y색 : 42

24

X색 : 234, Y색 : 432

25

X색 : 4,322, Y색 : 1,234

※ 우주공간을 여행하는 우주선이 있다. a만큼의 산소가 있고 하루에 b%씩 소모하며 목표물까지 가는데 t일이 걸린다고 할 때, 복귀 후 남은 산소량을 구하시오(단, 복귀 불가 시에는 -1을 출력하고, 모든 계산은 소수점 첫째 자리에서 반올림한다). **[26~30]**

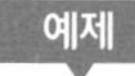

$a=100,\ b=2,\ t=10$

정답 67

PART 1 CT 유형학습

26

$a=78,\ b=2,\ t=16$

27

$a=129,\ b=3,\ t=7$

28

$a=577,\ b=4,\ t=9$

29

$a=900,\ b=10,\ t=6$

30

$a=103{,}828,\ b=6,\ t=8$

※ 1분당 처음 크기의 10%가 일정하게 녹는 얼음이 있다. 처음 얼음의 크기와 녹은 시간이 다음과 같을 때, 얼음의 녹은 수치를 구하시오(단, 모든 계산은 소수점 첫째 자리에서 반올림한다). **[31~35]**

예제

처음 얼음의 크기 : 100
녹은 시간 : 120초

정답 20

31

처음 얼음의 크기 : 100
녹은 시간 : 100초

32

처음 얼음의 크기 : 120
녹은 시간 : 30초

33

처음 얼음의 크기 : 150
녹은 시간 : 45초

34

처음 얼음의 크기 : 4,230
녹은 시간 : 450초

35

처음 얼음의 크기 : 12,345
녹은 시간 : 321초

※ 석호는 무게가 서로 다른 구슬을 가방에 담고자 한다. 가방에 담을 수 있는 구슬 무게의 합의 최댓값이 x일 때, 가방에 담을 수 있는 구슬 가치의 합의 최댓값을 구하시오(단, 구슬은 종류당 1개만 담을 수 있다). **[36~40]**

예제

$x = 7$

종류	무게	가치
A	1	5
B	2	8
C	4	13

정답 26

36

$x = 5$

종류	무게	가치
A	1	5
B	2	15
C	1	10

PART 1 CT 유형학습

37

$x=7$

종류	무게	가치
A	3	15
B	2	30
C	3	20

38

$x=6$

종류	무게	가치
A	1	10
B	4	30
C	2	20

39

$x=8$

종류	무게	가치
A	2	12
B	3	15
C	5	25

40

$x=10$

종류	무게	가치
A	1	20
B	4	15
C	7	30

※ 땅들의 넓이의 합이 x를 넘지 않도록 몇 개의 땅을 중복되지 않게 선택할 때, 고른 땅들의 가치의 합의 최댓값을 구하시오. [41~45]

예제

$x=5$

땅 번호	넓이	가치
1	2	3
2	3	4
3	1	1

정답 7

41

$x=3$

땅 번호	넓이	가치
1	1	3
2	2	4
3	3	5

42

$x=5$

땅 번호	넓이	가치
1	2	5
2	1	4
3	3	6

43

$x=6$

땅 번호	넓이	가치
1	6	10
2	4	5
3	5	7
4	3	3

44

$x=7$

땅 번호	넓이	가치
1	2	5
2	3	7
3	4	3

45

$x=8$

땅 번호	넓이	가치
1	4	1
2	5	3
3	7	4

※ 우석이는 무게의 합이 5를 넘지 않도록 아이스크림을 바구니에 담으면 금액을 할인해 주는 행사에 참여하려고 한다. 바구니에 담을 수 있는 아이스크림 무게의 합이 5를 넘지 않도록 아이스크림을 담을 때, 아이스크림 가격의 합의 최댓값을 구하시오(단, 아이스크림은 품목당 1개만 담을 수 있다). **[46~50]**

예제

품목 번호	무게	가격(원)
1	3	800
2	2	1,000
3	1	1,200

정답 2,200원

46

품목 번호	무게	가격(원)
1	1	300
2	2	500
3	3	800

47

품목 번호	무게	가격(원)
1	2	500
2	1	800
3	3	1,000

48

품목 번호	무게	가격(원)
1	3	700
2	2	1,500
3	3	2,000

49

품목 번호	무게	가격(원)
1	3	1,200
2	2	800
3	1	700

50

품목 번호	무게	가격(원)
1	1	800
2	2	400
3	3	1,200

※ 다음 트리에서 1부터 시작하여 너비 우선 탐색 기법으로 모든 노드를 탐색하고자 할 때, 탐색 순서를 구하시오. **[51~55]**

예제

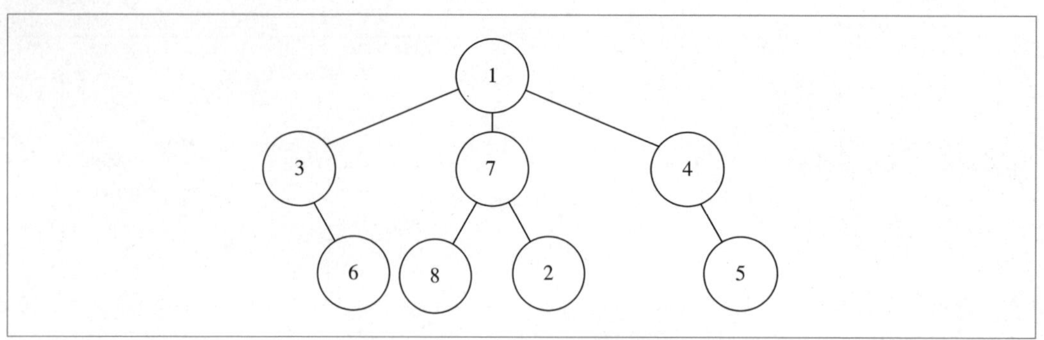

정답 1 → 3 → 7 → 4 → 6 → 8 → 2 → 5

51

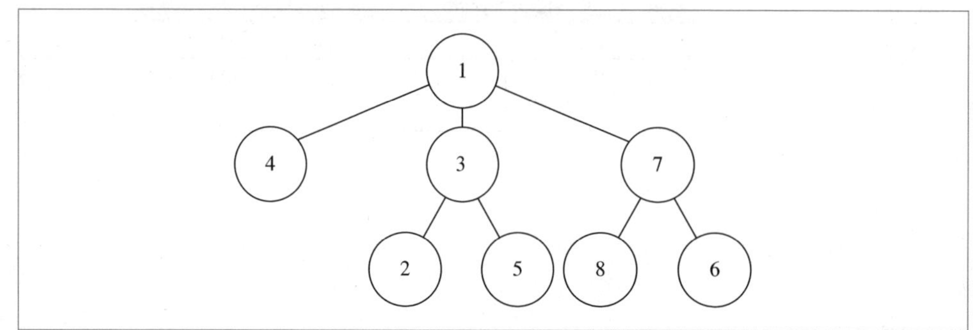

52

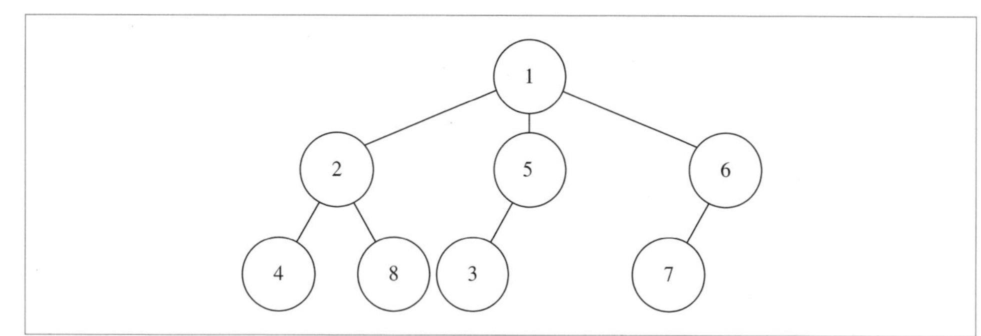

53

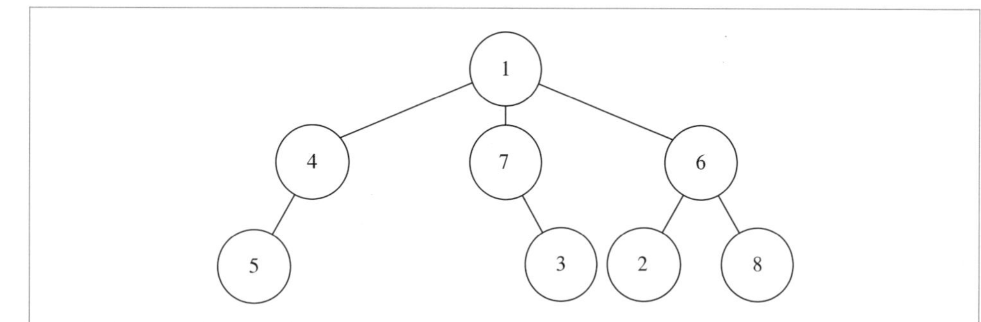

54

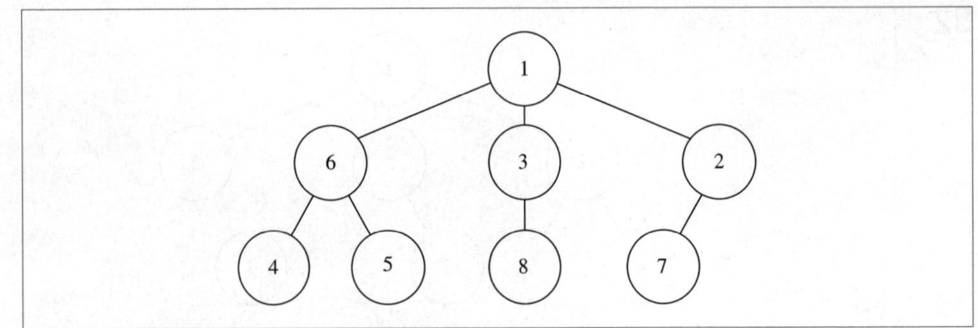

55

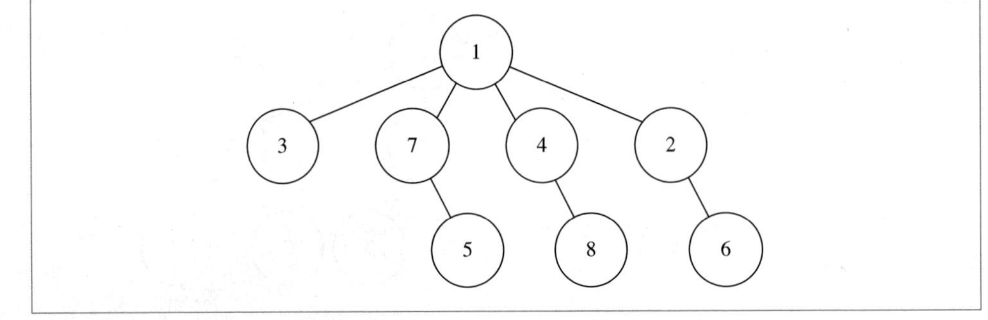

※ **다음 트리의 전위 순회에 대한 설명을 읽고, 주어진 노드를 전위 순회로 탐색 시 타깃 알파벳은 몇 번째에서 찾을 수 있는지 구하시오. [56~60]**

트리는 1개 이상의 유한한 개수의 노드가 서로 겹치지 않고 루프를 만들지 않는 링크로 연결된 자료구조이다. 상위 노드(부모 노드)가 없는 노드를 루트 노드라고 하며, 하나의 트리는 단 하나의 루트 노드를 가진다. 하위 노드(자식 노드)가 없는 노드를 잎 노드라고 한다.
트리의 자료 탐색 과정 중 전위 순회는 해당 자료구조에서 가장 상위, 가장 왼쪽 노드부터 순차적으로 탐색하는 과정이다.

예제

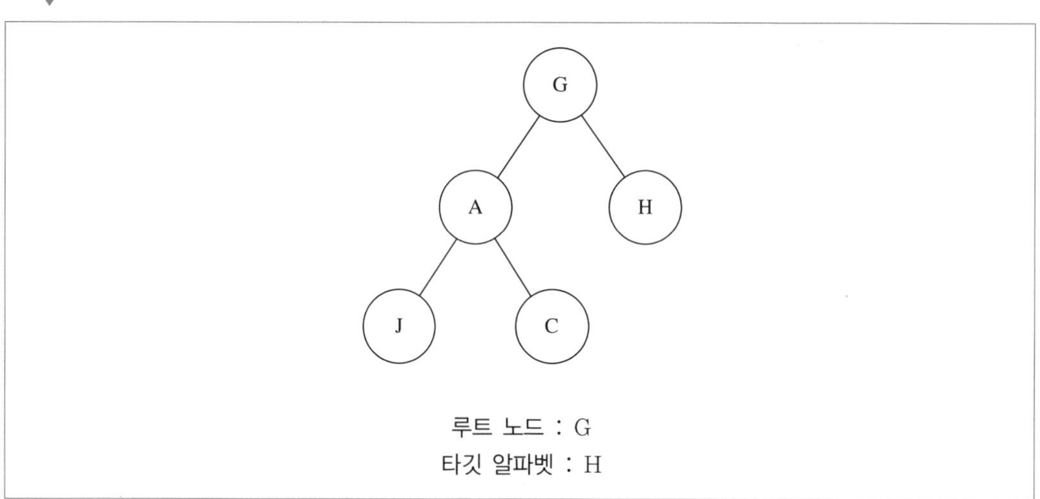

루트 노드 : G
타깃 알파벳 : H

정답 5번째

56

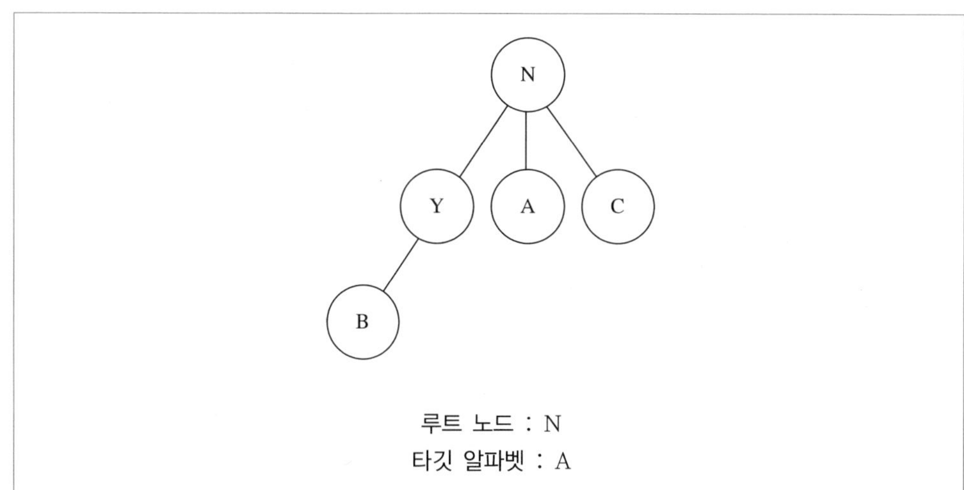

루트 노드 : N
타깃 알파벳 : A

57

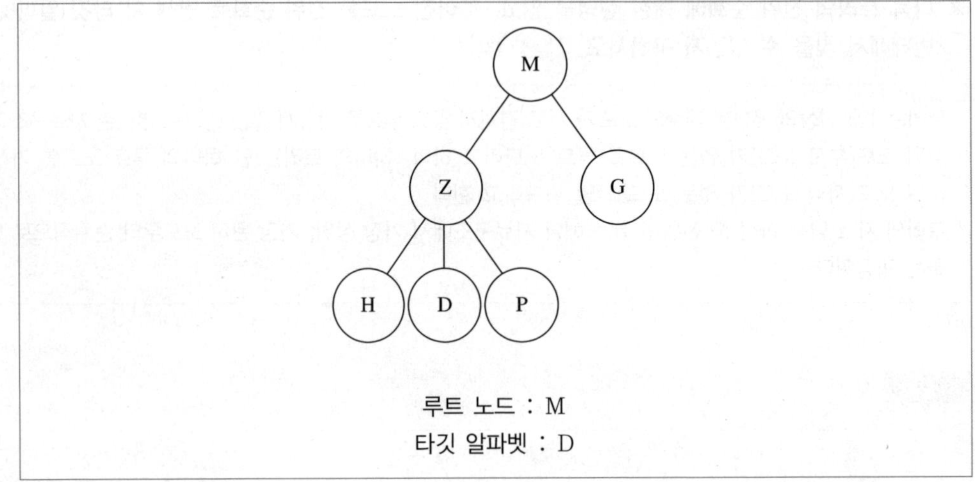

58

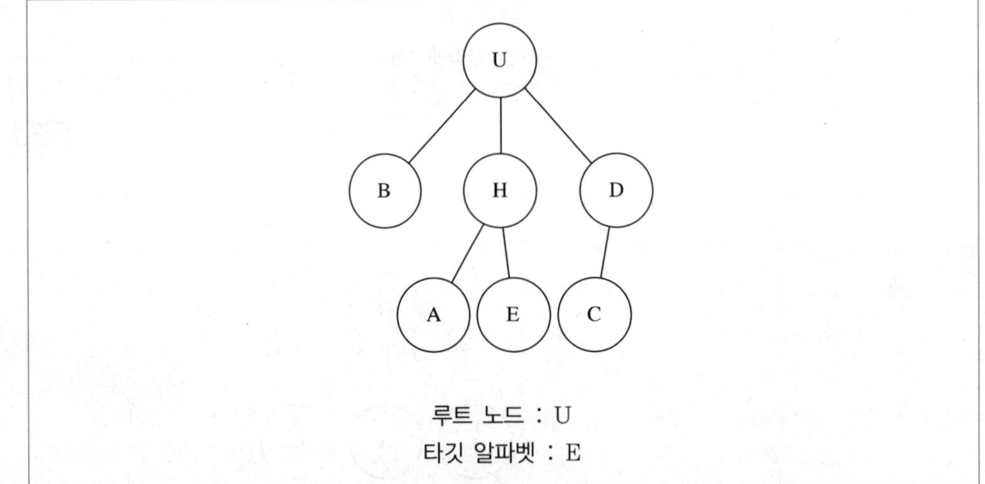

59

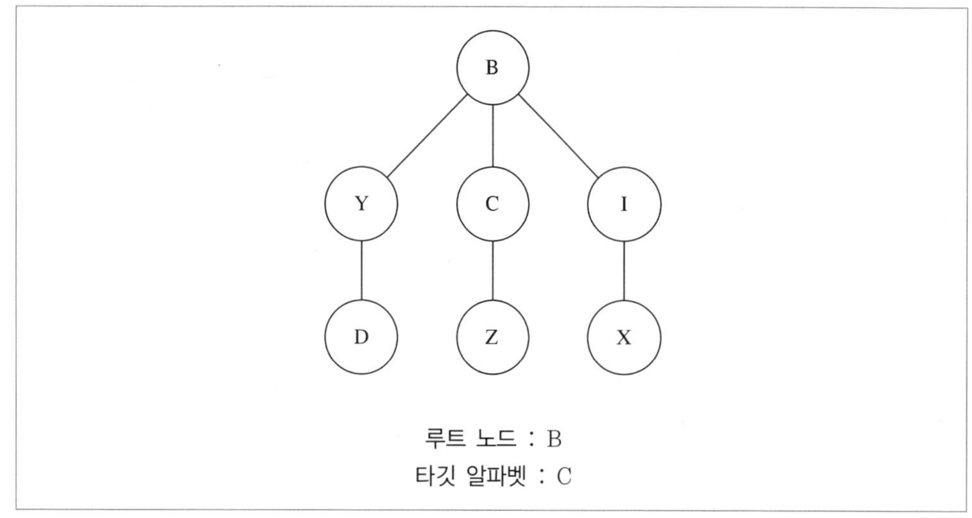

60

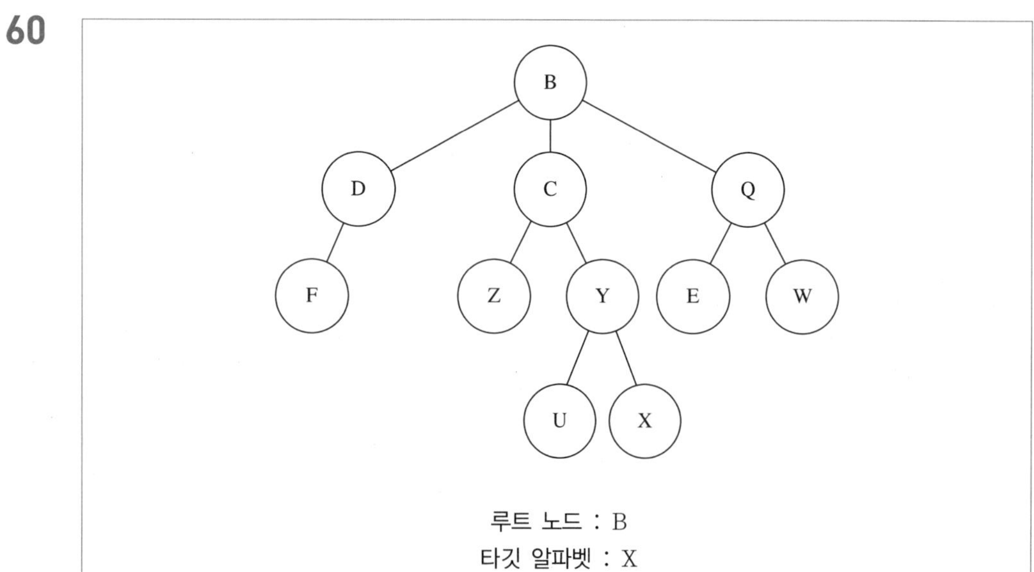

※ 보물 상자를 열려고 한다. 돌려서 맞추는 잠금장치는 1부터 x까지 적혀 있는 원형의 판이 y개만큼 있다. $x \times y$만큼 시도할 수 있을 때, 잠금장치를 열 수 있는 확률은 몇 %인지 구하시오(단, 소수점 둘째 자리에서 반올림한다). [61~65]

예제

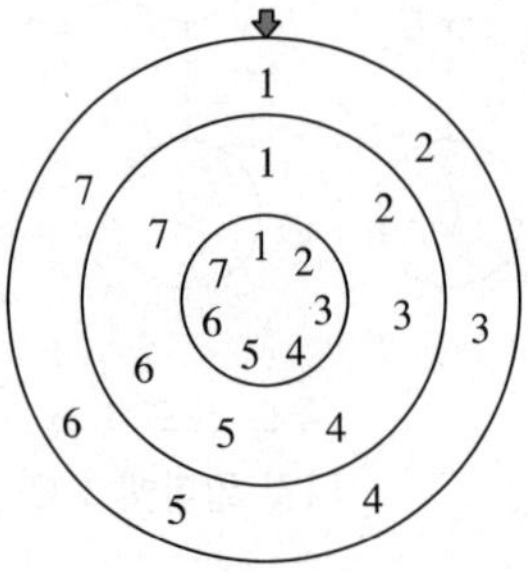

1 2 3 4 5 6 7
1 2 3 4 5 6 7
1 2 3 4 5 6 7

$x=7$, $y=3$

정답 6.1%

61

$x=5$, $y=4$

62

$x=3,\ y=6$

63

$x=4,\ y=7$

64

$x=8,\ y=5$

65

$x=2,\ y=15$

※ 엘리베이터로 층별로 옮겨야 할 짐들이 있다. 엘리베이터에는 한 번에 5개까지 짐을 적재할 수 있을 때, 엘리베이터가 상승 또는 하강으로 최소 몇 번 바뀌어야 하는지 구하시오(단, 적재할 짐은 임의로 정할 수 있으며, 모든 짐은 엘리베이터의 처음 위치에서 적재한다). **[66~70]**

예제

엘리베이터의 위치 : 4층
짐 : 1 3 5

정답 2번

66

엘리베이터의 위치 : 5층
짐 : 3 5 7

67

엘리베이터의 위치 : 1층
집 : 1 2 3 4 5 6

68

엘리베이터의 위치 : 8층
집 : 1 2 3 4 5 6 7 8 9 10 11 12 13 14 15

69

엘리베이터의 위치 : 8층
짐 : 1 1 2 3 3 4 5 6 6 7 8 9 9 10 10 10 12

70

엘리베이터의 위치 : 20층
짐 : 2 3 3 3 3 4 5 6 8 8 11 15 15

※ A ~ F공장이 다음과 같이 연결되어 있을 때, 출발 지점에서 도착 지점으로 갈 수 있는 최소 이동 거리를 구하시오(단, 한 번 지나간 공장은 다시 지나갈 수 없다). [71~75]

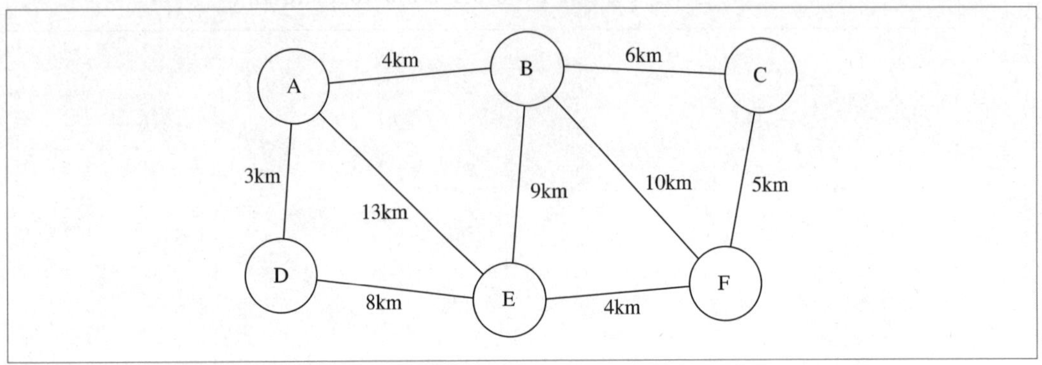

예제

출발 지점 : A
도착 지점 : F

정답 14km

71

출발 지점 : C
도착 지점 : E

72

출발 지점 : B
도착 지점 : D

73

출발 지점 : A
도착 지점 : E

74

출발 지점 : C
도착 지점 : D

75

출발 지점 : A
도착 지점 : C
(단, A－B 구간은 지나갈 수 없다)

※ 다음은 L유원지 관광 자원의 위치 및 거리에 대한 지도이다. 지도를 보고 출발 지점에서 도착 지점까지 이동 거리가 최소인 경로를 구하시오(단, 한 번 지나간 지점은 다시 지나갈 수 없다). **[76~80]**

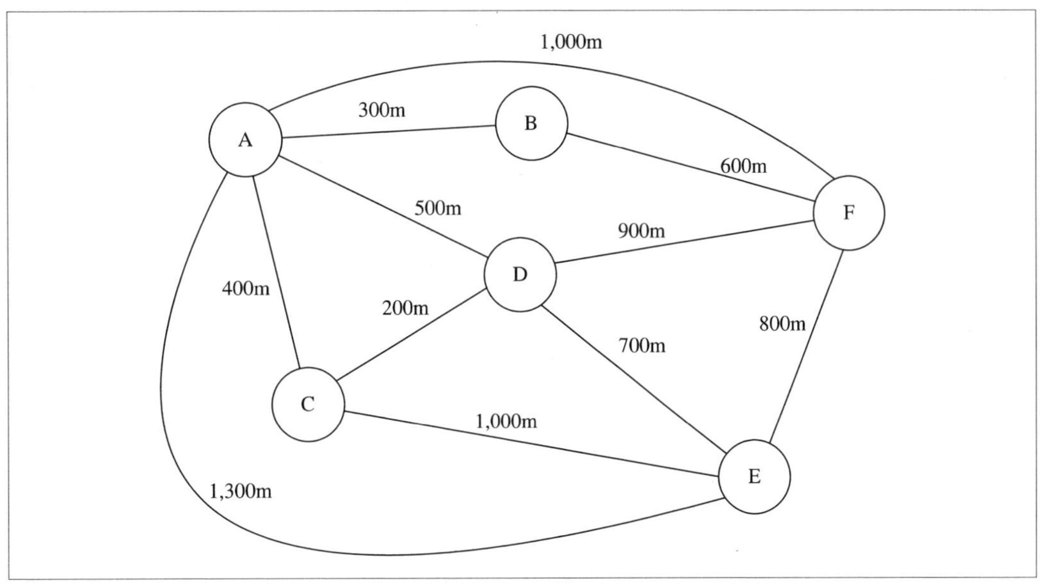

예제

출발 지점 : A
도착 지점 : F

정답 A → B → F

76

출발 지점 : B
도착 지점 : D

PART 1 CT 유형학습

77

출발 지점 : C
도착 지점 : F

78

출발 지점 : E
도착 지점 : C

79

출발 지점 : A
도착 지점 : E

80

출발 지점 : B
도착 지점 : E

※ A ~ G도시끼리 어떤 물건을 옮기는 데 필요한 운임 비용이 다음과 같을 때, 출발 지점부터 도착 지점까지 물건을 옮기는 데 필요한 최소 운임 비용을 구하시오(단, 한 번 지나간 도시는 다시 지나갈 수 없다). **[81~85]**

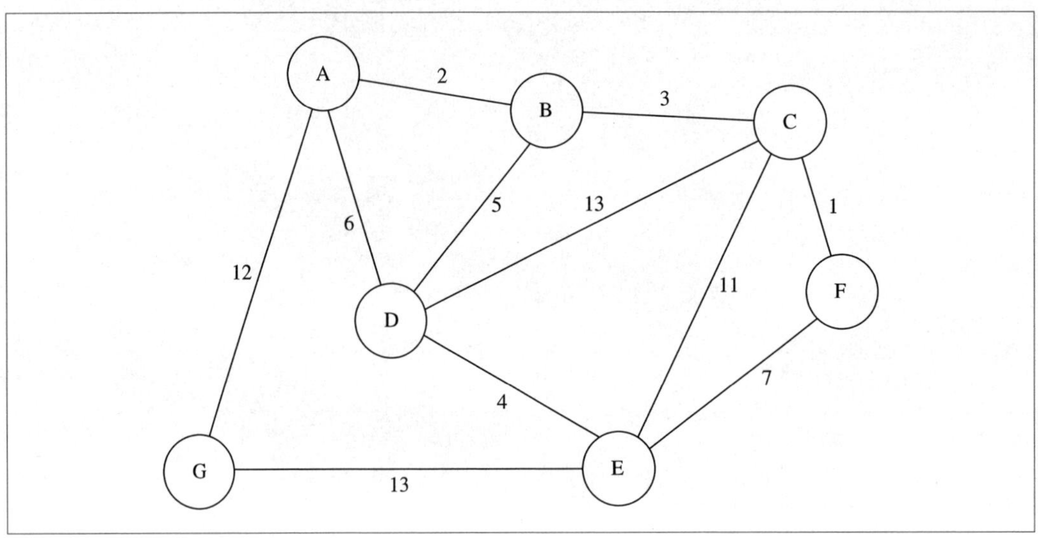

예제

출발 지점 : A
도착 지점 : E

정답 10

81

출발 지점 : E
도착 지점 : C

82

출발 지점 : F
도착 지점 : D

83

출발 지점 : B
도착 지점 : E

84

출발 지점 : B
도착 지점 : F

85

출발 지점 : G
도착 지점 : C

CHAPTER

04 다이나믹 프로그래밍 대표유형

※ 다음 그림과 같이 반지름의 길이가 1인 사분원에 반지름의 길이가 1인 사분원을 시계 방향으로 이어 그린다. 그 후에 1번째 사분원과 2번째 사분원의 반지름의 합을 반지름으로 갖는 사분원을 시계 방향으로 이어 그린다. 그 후에 2번째 사분원의 반지름과 3번째 사분원의 반지름의 합을 반지름으로 갖는 사분원을 시계 방향으로 이어 그리고, 3번째 사분원의 반지름과 4번째 사분원의 반지름의 합을 반지름으로 갖는 사분원을 시계 방향으로 이어 그린다. 이 과정을 반복하면 나선 형태의 곡선을 그릴 수 있는데, 이 곡선을 '피보나치 나선'이라고 하며, 피보나치 나선을 이루는 각 사분원의 반지름은 피보나치 수열을 이룬다. N번째에 새로 그리는 곡선의 길이를 구하시오(단, $\pi=3$이다). **[1~5]**

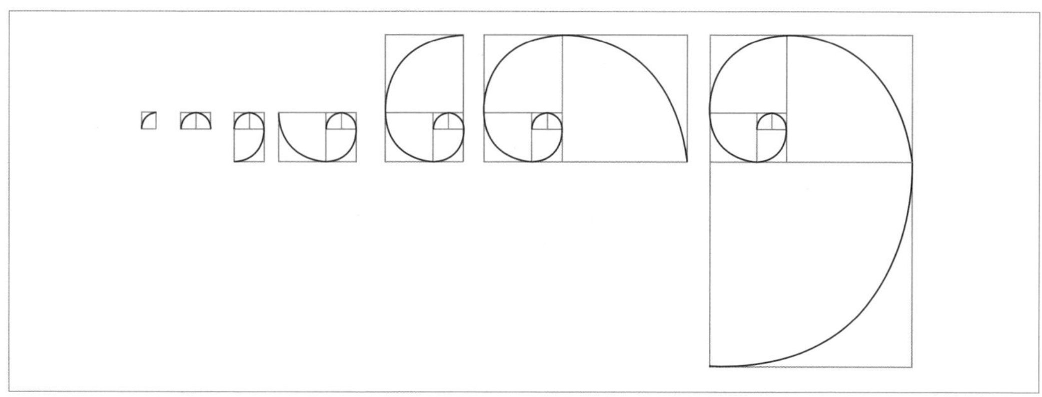

예제

$N=4$

정답 해설

피보나치 나선을 이루는 각 사분원의 반지름은 피보나치 수열을 이룬다.
피보나치 수열은 1, 1, 2, 3, 5, 8, 13, …이다.

따라서 4번째에 새로 그리는 곡선은 반지름이 3인 사분원의 호이므로 길이는 $\frac{\pi}{2}\times3=4.5$이다.

정답 4.5

01

$N=6$

정답 해설

피보나치 수열은 1, 1, 2, 3, 5, 8, 13, …이다.

따라서 6번째에 새로 그리는 곡선은 반지름이 8인 사분원의 호이므로 길이는 $\frac{\pi}{2}\times8=12$이다.

정답 12

02

$N=7$

정답 해설

피보나치 수열은 1, 1, 2, 3, 5, 8, 13, …이다.

따라서 7번째에 새로 그리는 곡선은 반지름이 13인 사분원의 호이므로 길이는 $\frac{\pi}{2}\times13=19.5$이다.

정답 19.5

03

$N=10$

정답 해설

피보나치 수열은 1, 1, 2, 3, 5, 8, 13, 21, 34, 55, …이다.

따라서 10번째에 새로 그리는 곡선은 반지름이 55인 사분원의 호이므로 길이는 $\frac{\pi}{2}\times55=82.5$이다.

정답 82.5

04

$$N=12$$

정답 해설

피보나치 수열은 1, 1, 2, 3, 5, 8, 13, 21, 34, 55, 89, 144, …이다.

따라서 12번째에 새로 그리는 곡선은 반지름이 144인 사분원의 호이므로 길이는 $\frac{\pi}{2}\times144=216$이다.

정답 216

PART 1 CT 유형학습

05

$$N=14$$

정답 해설

피보나치 수열은 1, 1, 2, 3, 5, 8, 13, 21, 34, 55, 89, 144, 233, 377, …이다.

따라서 14번째에 새로 그리는 곡선은 반지름이 377인 사분원의 호이므로 길이는 $\frac{\pi}{2}\times377=565.5$이다.

정답 565.5

CHAPTER

04 다이나믹 프로그래밍 유형점검

정답 및 해설 p.045

※ 다음은 퀴즈대회에 참가한 A ~ C팀의 회차별 획득 점수를 기록한 표이다. 마지막 회차까지 진행하여 획득한 점수의 합이 가장 높은 팀을 구하시오. **[1~5]**

예제

팀	1회	2회	3회	4회	5회	6회	7회	8회	9회	10회	11회	12회
A	10	5	6	3	4	8	3	3	1	4	6	5
B	10	8	9	10	5	6	7	8	10	8	10	7
C	10	2	4	6	5	8	6	4	8	7	5	8

정답 B팀

01

팀	1회	2회	3회	4회	5회	6회	7회	8회	9회	10회	11회	12회
A	3	4	8	3	4	10	2	5	6	7	5	4
B	5	6	8	2	5	3	7	4	6	8	7	6
C	10	5	6	10	5	10	6	8	8	10	9	7

02

팀	1회	2회	3회	4회	5회	6회	7회	8회	9회	10회	11회	12회
A	5	6	5	10	6	8	4	8	8	7	8	5
B	6	8	9	10	5	6	8	8	5	8	7	2
C	7	3	4	6	5	5	5	2	10	1	3	10

03

팀	1회	2회	3회	4회	5회	6회	7회	8회	9회	10회	11회	12회
A	7	1	2	3	10	3	9	3	4	5	3	10
B	3	7	10	2	3	4	1	3	4	8	2	8
C	3	2	4	10	5	3	7	4	10	9	3	4

04

참가팀	1회	2회	3회	4회	5회	6회	7회	8회	9회	10회	11회	12회
A	4	5	6	1	7	4	2	6	1	3	3	4
B	7	6	5	6	2	1	3	5	10	1	2	5
C	9	8	3	1	2	10	9	10	3	4	5	9

05

팀	1회	2회	3회	4회	5회	6회	7회	8회	9회	10회	11회	12회
A	6	8	9	3	5	10	4	7	10	3	9	10
B	10	3	1	2	7	8	2	5	10	3	2	5
C	7	8	3	1	8	4	5	3	4	2	4	5

※ 다음과 같은 연산 규칙에 따라 자연수 x를 1로 만들고자 할 때, 필요한 연산 횟수를 구하시오. [6~10]

- 자연수 x가 2의 배수라면 2로 나누고, 3의 배수라면 3으로 나눈다.
- 자연수 x가 2의 배수, 3의 배수 중 그 어떤 것도 아닌 수라면 1을 뺀다.

예제

$x = 10$

정답 4회

06

$x = 65$

07

$x = 81$

08

$x = 131$

09

$x = 315$

10

$x = 767$

PART 1 CT 유형학습

※ 다음 주어진 시간을 초 단위로 변환하여 구하시오. [11~15]

예제

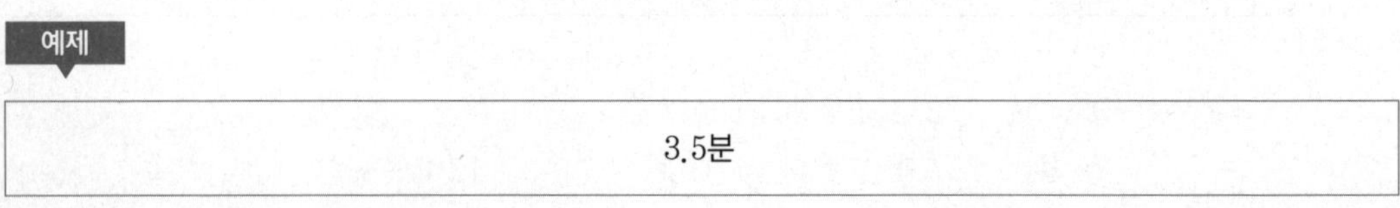
3.5분

정답 210초

11

12.2분

12

2.5시간

13

12,753분

14

2.1일 0.6분

15

1주 2일 3시간 32.7분

※ 도미노는 1부터 시작하며, n만큼 해당 값이 반복되어 놓여진다. x의 값이 주어질 때, x가 처음 놓여지는 자리는 몇 번째 자리인지 구하시오. [16~20]

예제

$$n=2,\ x=5$$

정답 9번째

16

$$n=3,\ x=5$$

17

$n=4,\ x=2$

18

$n=3,\ x=8$

19

$n=5, \ x=18$

20

$n=6, \ x=42$

※ 기차 번호가 x번부터 1번까지 역순서대로 있다. 0번째부터 $(x \div 2)$번째까지의 기차 번호의 총합을 구하시오[단, 기차는 0번째부터 시작하며, $(x \div 2)$는 소수점 첫째 자리에서 반올림한다]. [21~25]

예제

$x=5$

정답 14

21

$x=10$

22

$x = 13$

23

$x = 20$

24

$x=33$

25

$x=51$

※ 선후가 다음 그림과 같이 숫자가 적힌 블록을 규칙에 따라 쌓고 있다. 이때 위에서 n번째, 왼쪽에서 m번째에 있는 블록에 적힌 수를 구하시오. **[26~30]**

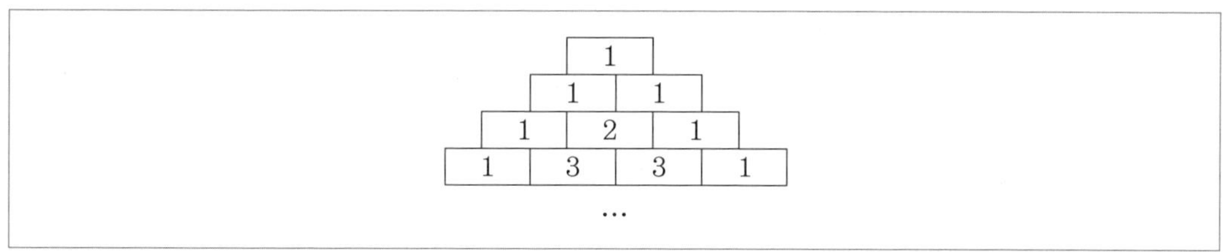

예제

$n=5,\ m=3$

정답 6

PART 1 CT 유형학습

26

$n=6,\ m=6$

27

$n=7,\ m=4$

28

$n=8,\ m=3$

29

$n=9,\ m=6$

30

$n=11,\ m=5$

※ 다음 배열에서 n번째 값을 구하시오. [31~35]

200	100	205	99	210	96	215	91	220	84	…

예제

$n=12$

정답 75

31

$n=11$

32

$n = 42$

33

$n = 101$

34

$n=172$

35

$n=2,385$

※ 다음과 같은 배열이 있을 때, n번째 값을 구하시오(단, 0번째부터 시작한다). [36~40]

예제

1	2	3	4	5	…

$n=10$

정답 11

36

1	3	5	7	9	11	13	15	…

$n=20$

37

1	4	7	10	13	16	19	22	…

$n=32$

38

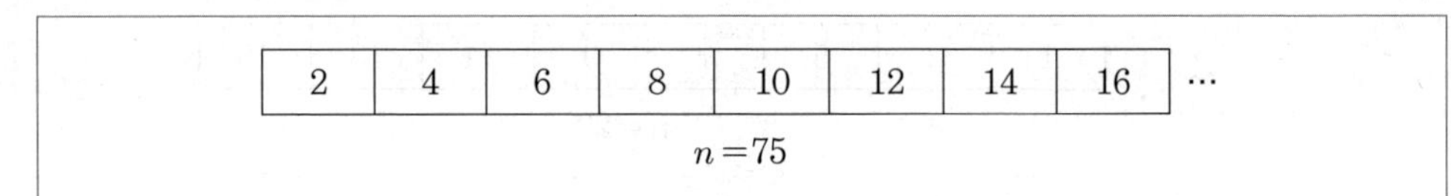

39

100	93	86	79	72	65	58	51	⋯

$n = 147$

40

2	4	8	16	32	64	128	256	⋯

$n = 12$

PART 1 CT 유형학습

※ 다음 수열의 n번째 값을 구하시오. [41~45]

1	2	3	4	5	6	7	
3	5	9	17	33	65	129	…

예제

$n=9$

정답 513

41

$n=11$

42

$n = 13$

43

$n = 15$

44

$n=17$

45

$n=19$

※ 다음과 같이 크기가 1인 달팽이가 정사각형 모양으로 위쪽 방향부터 반시계 방향으로 움직이면서 1씩 커지고 있다. 달팽이의 크기가 n이 될 때, 상하좌우 중 진행 방향을 구하시오. **[46~50]**

⋮

		10
3	2	9
4	1	8
5	6	7

… …

⋮

예제

$n=15$

정답 하

46

$n=23$

47

$n = 35$

48

$n = 45$

49

$n=68$

50

$n=85$

※ 다음과 같은 주사위 게임 판이 있다. 출발 지점에서 반시계 방향으로 출발하여 주사위 1개를 던져 나온 눈의 수만큼 나아갈 수 있으며, 1바퀴를 완주할 때마다 10점을 획득할 수 있다. 또한 주사위 1개를 던져 나온 눈의 수만큼 나아가서 함정 칸에 도착하면 {(함정 칸에 도착한 순번)×2점}씩 감점된다. 함정 칸에 n번 도착하여 모든 점수를 잃어 0점 이하가 되었다면, 모두 몇 바퀴를 완주하였는지 구하시오[단, 최초 1회 완주하는 동안에는 함정 칸에 도착하지 않았으며, 함정 칸에 $(n-1)$번째 도착하기 전에 점수를 모두 잃는 경우는 없다]. **[51~55]**

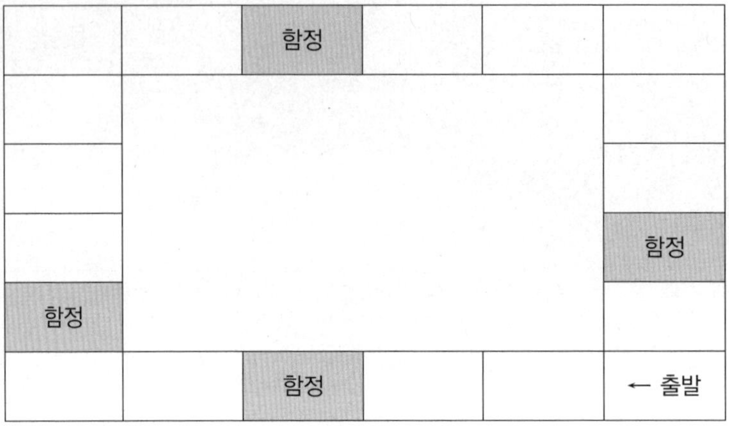

		함정			
					함정
함정					
		함정			← 출발

예제

$n=5$

정답 3회

51

$n=4$

52

$n=6$

53

$n=8$

54

$n=10$

55

$n=12$

※ 임의의 숫자 x를 3의 거듭제곱 숫자들로 중복 없이 더해서 만들 수 있는지 확인하려고 한다. 1은 3^0으로 생각하여 3의 거듭제곱으로 판단한다고 할 때, x는 최소 몇 개의 3의 거듭제곱 숫자들의 합으로 만들 수 있는지 구하시오(단, 해당 숫자가 3의 거듭제곱 숫자들의 합으로 만들 수 없다면 0을 출력한다). **[56~60]**

예제

$x = 9$

정답 1개

PART 1 CT 유형학습

56

$x = 36$

57

$x = 100$

58

$x = 120$

59

$x = 252$

60

$x = 280$

CHAPTER

05 그리디 대표유형

※ L시는 여러 섬을 잇는 다리를 건설하고자 한다. 다리를 통해 모든 섬으로의 이동이 가능하도록 할 때, 건설해야 할 다리 길이의 합의 최솟값을 구하시오. [1~5]

예제

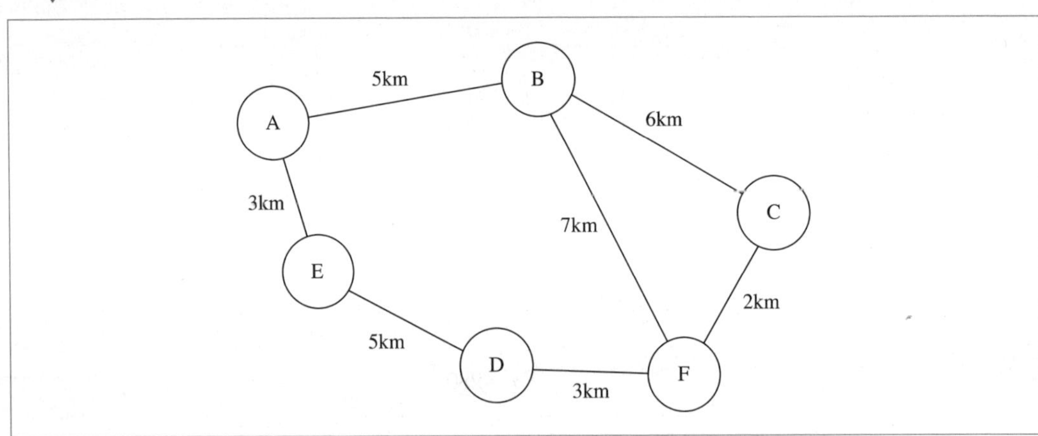

정답 해설

간선의 길이를 오름차순으로 정리하고, 각 간선이 원을 이루지 않도록 고르면 다음과 같다.

간선	C－F	A－E	D－F	A－B	D－E	B－C	B－F
길이(km)	2	3	3	5	5	6	7

따라서 건설해야 할 다리 길이의 합의 최솟값은 2+3+3+5+5=18km이다.

정답 18km

01

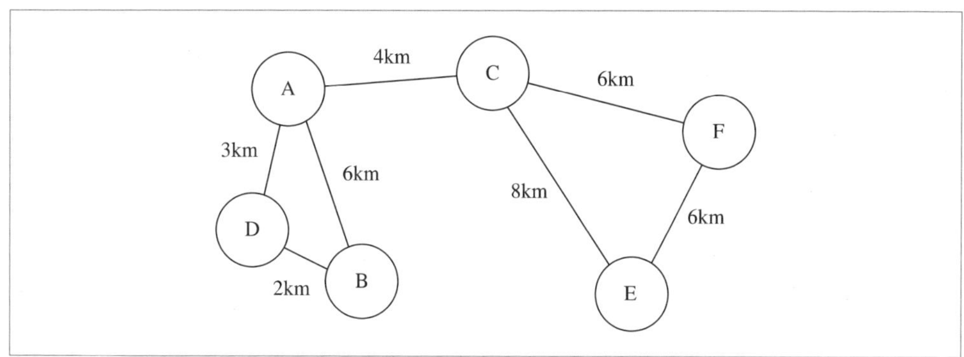

정답 해설

간선	B－D	A－D	A－C	A－B	C－F	E－F	C－E
길이(km)	2	3	4	6	6	6	8

따라서 건설해야 할 다리 길이의 합의 최솟값은 2+3+4+6+6=21km이다.

정답 21km

02

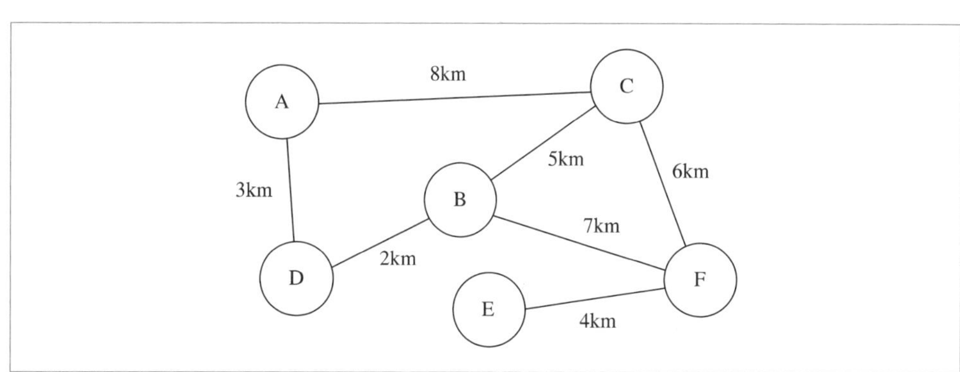

정답 해설

간선	B－D	A－D	E－F	B－C	C－F	B－F	A－C
길이(km)	2	3	4	5	6	7	8

따라서 건설해야 할 다리 길이의 합의 최솟값은 2+3+4+5+6=20km이다.

정답 20km

03

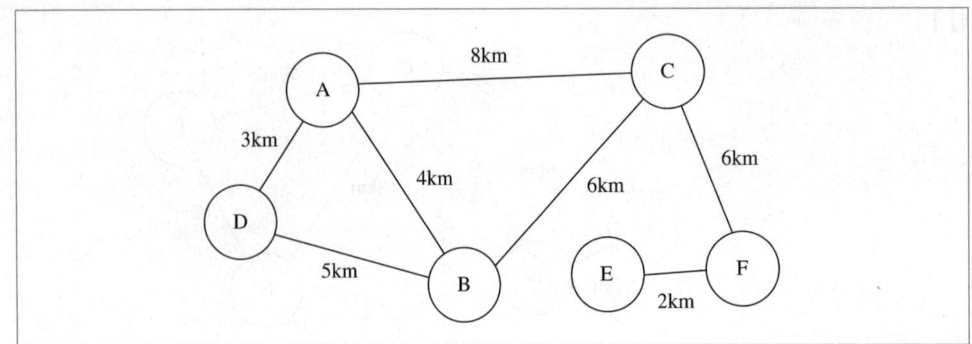

정답 해설

간선	E−F	A−D	A−B	B−D	B−C	C−F	A−C
길이(km)	2	3	4	5	6	6	8

따라서 건설해야 할 다리 길이의 합의 최솟값은 2+3+4+6+6=21km이다.

정답 21km

04

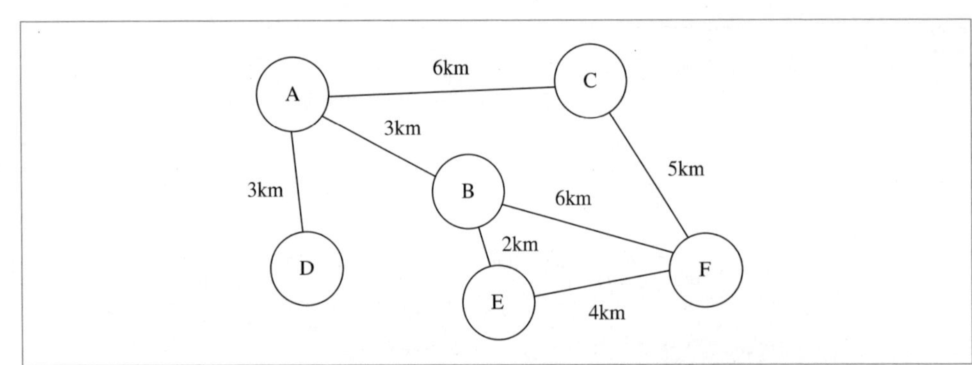

정답 해설

간선	B−E	A−B	A−D	E−F	C−F	A−C	B−F
길이(km)	2	3	3	4	5	6	6

따라서 건설해야 할 다리 길이의 합의 최솟값은 2+3+3+4+5=17km이다.

정답 17km

05

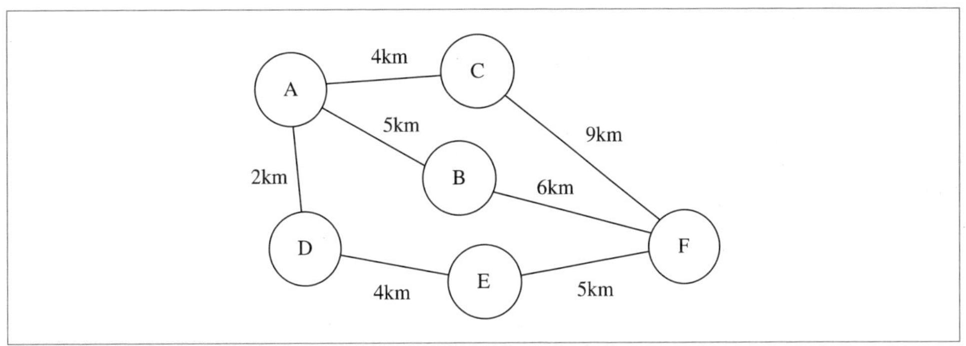

정답 해설

간선	A－D	A－C	D－E	A－B	E－F	B－F	C－F
길이(km)	2	4	4	5	5	6	9

따라서 건설해야 할 다리 길이의 합의 최솟값은 $2+4+4+5+5=20$km이다.

정답 20km

CHAPTER

05 그리디 유형점검

정답 및 해설 p.058

※ 상원이가 창고에 있는 페인트를 이용하여 주말농장 울타리를 도색하고자 한다. 창고에 있는 페인트 통은 5kg과 8kg 2가지가 있으며, 창고에서 꺼낸 페인트 통은 남김없이 모두 사용해야 한다. 필요한 페인트의 양이 $x$kg일 때, 필요한 5kg 페인트 통의 수와 8kg 페인트 통의 수의 합의 최솟값을 구하시오(단, 창고에 5kg 페인트 통과 8kg 페인트 통은 무한히 있다고 가정한다). **[1~5]**

예제

$x = 21$

정답 3통

01

$x = 28$

02

$x = 41$

03

$x = 54$

PART 1 CT 유형학습

04

$x = 63$

05

$x = 99$

※ A주말농장에서 땅을 넓이 $4m^2$와 $7m^2$로 나누어 분양하고자 한다. A주말농장의 전체 땅의 넓이가 $x\,m^2$일 때 남은 땅 없이 모든 땅이 분양되었다면, 땅을 분양받은 가구 수의 최솟값을 구하시오(단, 한 가구당 하나의 땅만 분양받을 수 있다). **[6~10]**

예제

$x = 127$

정답 19가구

06

$x = 484$

07

$x=517$

08

$x=682$

09

$x = 765$

10

$x = 871$

※ L전통시장에서 가격이 x원인 물건을 상품권으로 지불하고자 한다. 상품권은 1,000원, 500원, 100원 3종류이다. 구매에 필요한 금액만큼 상품권을 최소 장수로 하여 지불하였을 때, 지불한 상품권의 수를 구하시오(단, 각 상품권은 무한히 가지고 있다고 가정한다). [11~15]

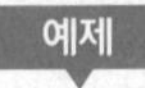

$x = 4,300$

정답 7장

11

$x = 5,700$

12

$x = 8,600$

13

$x = 9,900$

14

$x = 12,500$

15

$x = 17,400$

※ A, B, C로 이루어진 문자열이 존재한다. 문자열의 각 문자는 '수정' 과정을 통해 A, B, C로 변환될 수 있다. '수정'은 하나 또는 연속적인 문자들을 하나의 공통된 문자로 변환시키며, 이때 변환되는 문자는 '수정' 전후가 달라야 한다. 다음 문자열을 하나의 문자로 통일하고자 할 때, 최소로 시행되는 '수정' 작업의 횟수를 구하시오. [16~20]

예제

ABAABBAACA

정답 3회

PART 1 CT 유형학습

16

AAABBAACCA

17

BBAABBCCBB

18

AABBAAACCA

19

ACCABAAACA

20

BBBABCBBBB

※ 수지는 여러 산을 등산할 계획이며, 최대한 많은 점수를 얻는 것이 목표이다. 한 산을 완봉할 때마다 그 산의 높이만큼 점수를 계속해서 얻는다. 반드시 모든 산을 오를 필요는 없으며, 다음 산으로 이동하는 거리만큼 점수를 차감한다(산과 산의 거리는 두 산의 높이차의 절댓값이다). 산의 높이에 대한 배열이 다음과 같을 때, 수지가 최대로 얻을 수 있는 점수를 구하시오(단, 배열 순서는 변경할 수 없다). **[21~25]**

예제

4 2 6 7

정답 14점

21

5 1 7

22

```
4 4 4 10 4 4 4
```

23

```
8 1 9 2 10 3 15
```

24

5 8 3 36 45 3 8 5

25

4 2 9 5 45 1 35 6 8 78

※ S시는 여러 섬을 잇는 다리를 건설하고자 한다. 다리를 통해 모든 섬으로의 이동이 가능하도록 할 때, 건설해야 할 다리의 길이의 합의 최솟값을 구하시오. [26~30]

예제

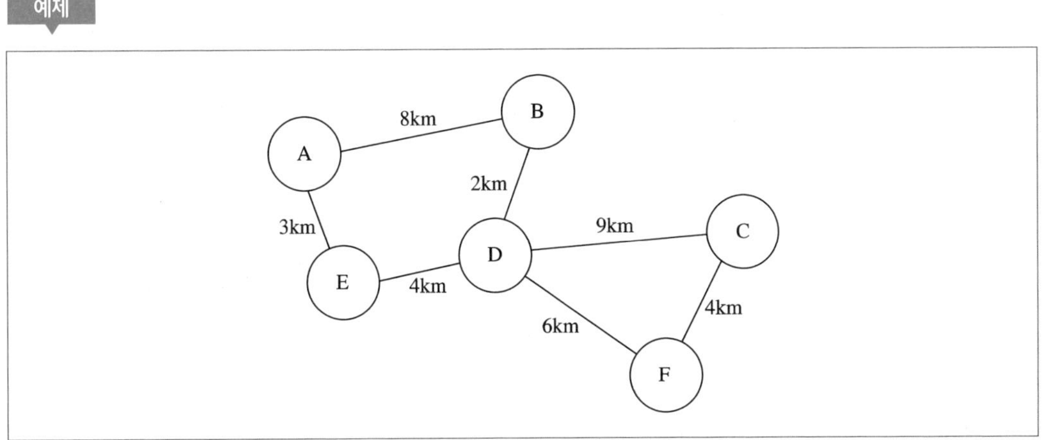

정답 19km

26

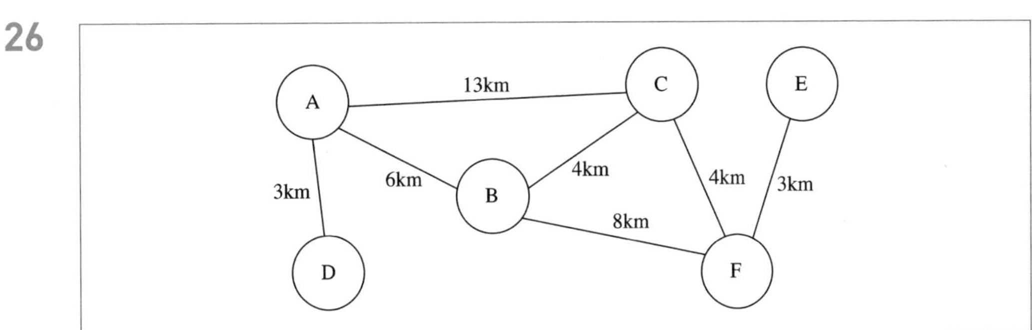

27

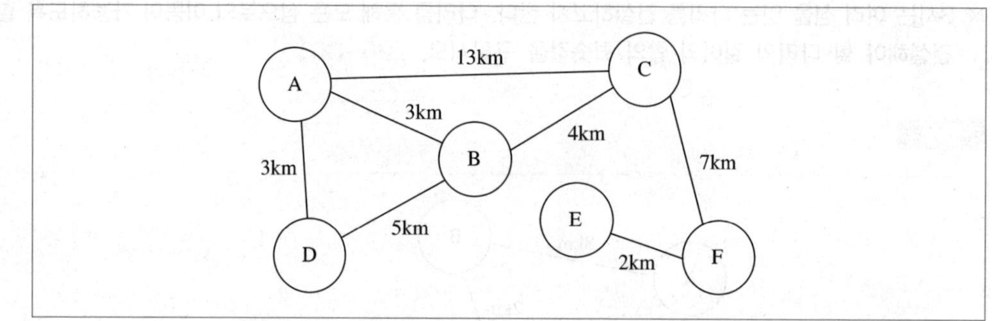
A
13km
C
3km
4km
3km
B
7km
E
D
5km
2km
F

28

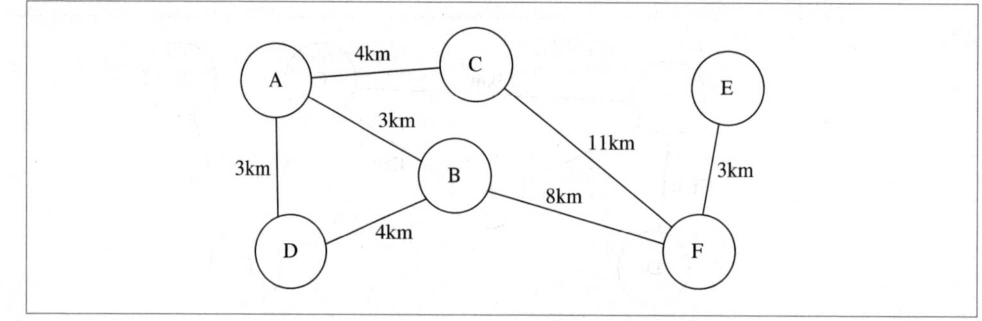
4km
C
A
E
3km
11km
3km
B
3km
8km
D
4km
F

29

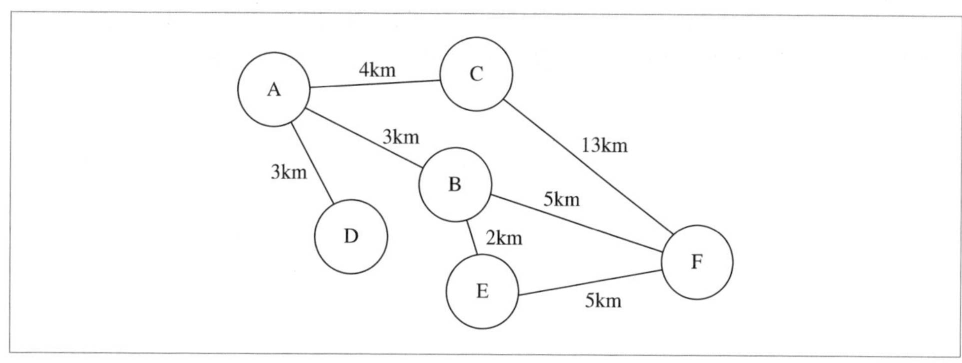
A
C
B
D
E
F
4km
3km
3km
13km
5km
2km
5km

30

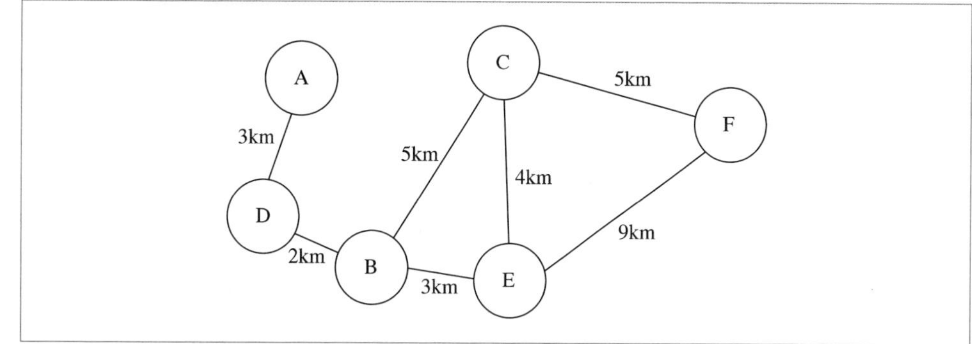
A
C
F
D
B
E
3km
5km
5km
4km
9km
2km
3km

※ 여러 나라들이 서로 교역을 위해 철로를 설치하고자 한다. 각 나라를 연결하는 데 필요한 철로의 설치비용이 다음과 같을 때, 모든 나라를 연결할 수 있는 철로의 설치비용 합의 최솟값을 구하시오. [31~35]

예제

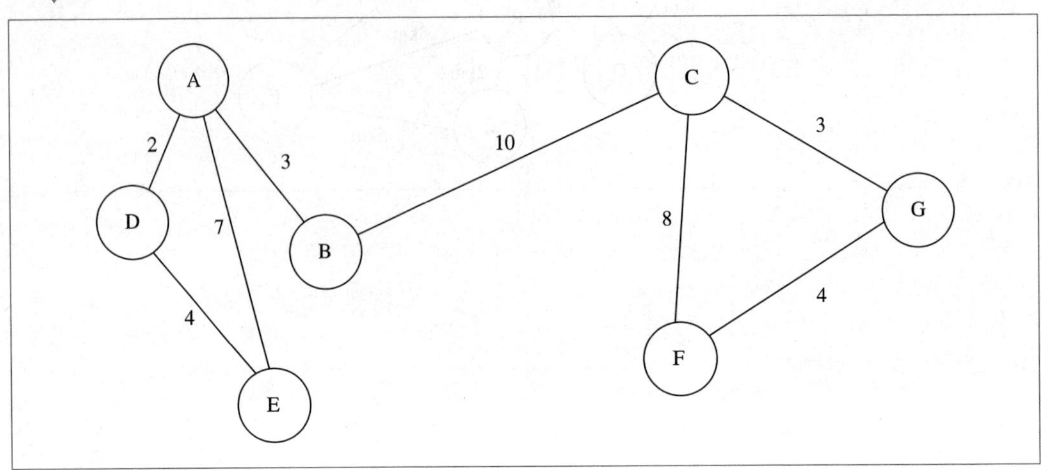

정답 26

31

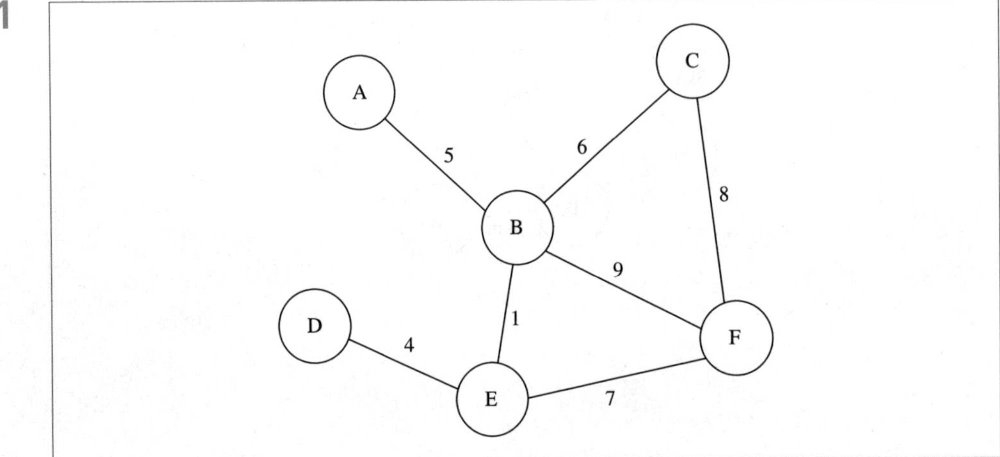

32

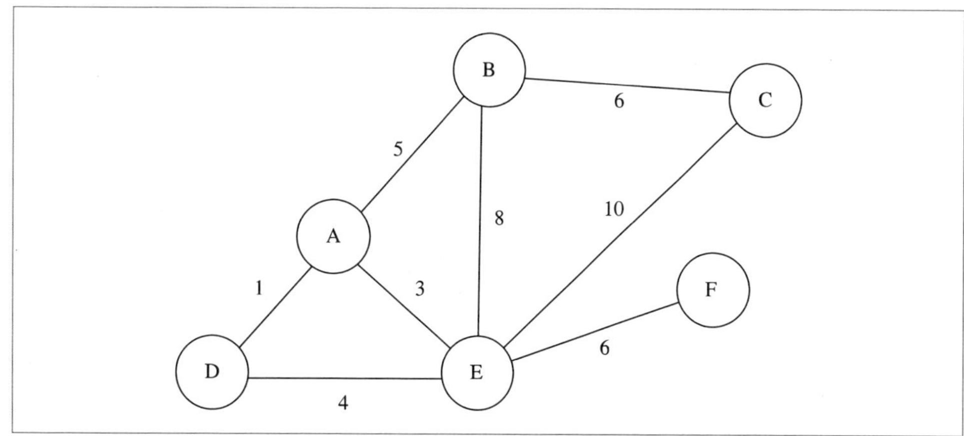

33

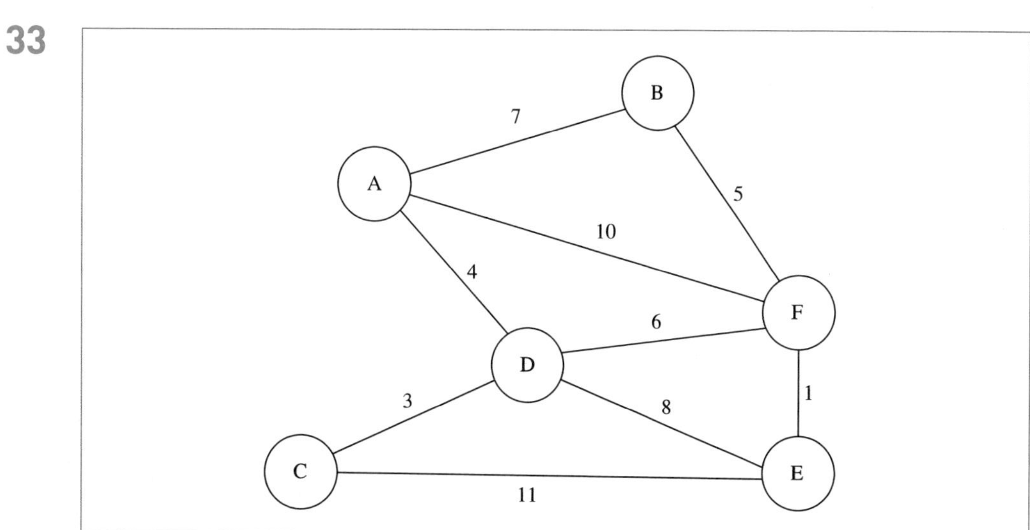

34

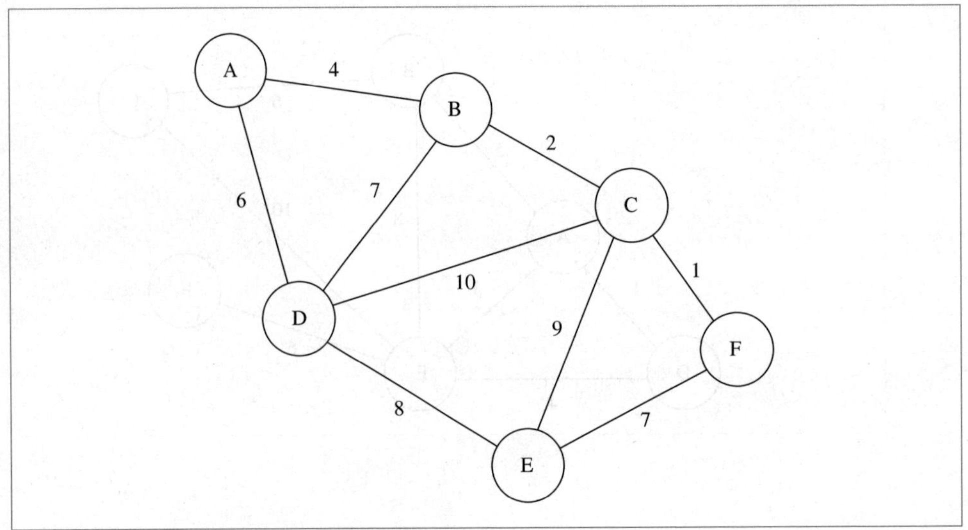

35

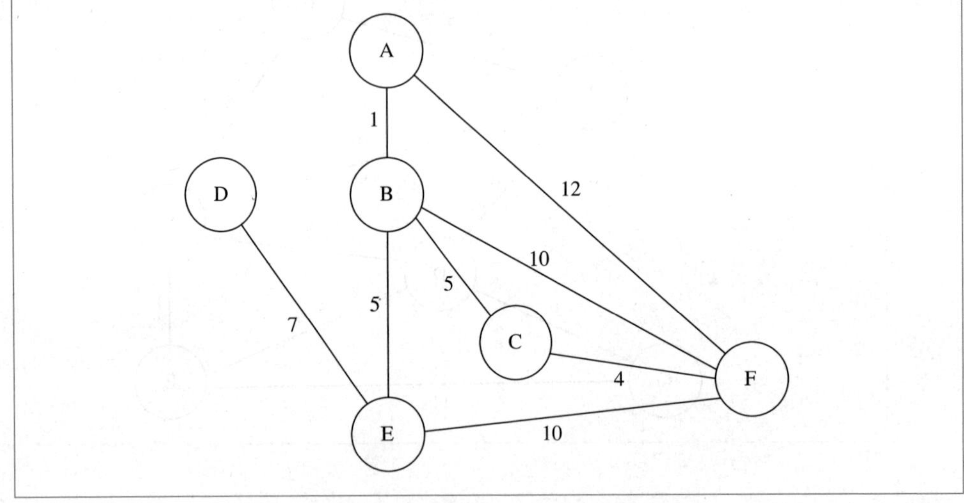

※ 1부터 n까지의 카드가 있다. 수가 작은 카드는 수가 큰 카드의 오른쪽에 올 수 없고, 카드의 위치를 변경할 수 없다. 제시된 카드 배열에서 최소한으로 카드를 제거하여 위의 조건을 만족시킬 때, 카드를 제거하는 횟수를 구하시오. [36~40]

예제

1 5 4 9 7 10 14

정답 2회

36

8 1 5

37

```
3 25 56 57 8 96 102 101 111 45 120
```

38

```
10 9 8 7 6 4 2 1
```

39

7 6 4 3 1 2 3 4 5

40

5 87 3 65 1 45 3 90 9 48 2 61 7 19

PART 1 CT 유형학습

※ 어느 좁은 해협에 짐을 가득 실은 배들이 왼쪽 배열부터 순서대로 한 척씩 지나가려 한다. 하루에 한 척의 배만 통과할 수 있으며, 배가 통과할 때마다 통과하지 못한 나머지 배들의 연료량이 1씩 줄어든다. 배의 연료량이 다음과 같을 때, 해협을 통과할 수 있는 배는 최대 몇 척인지 구하시오(단, 통과할 배의 순서는 임의로 변경할 수 있으며, 순서를 변경한 배의 연료량은 1만큼 줄어든다. 연료량이 0이 된 배는 배열에서 제외된다). **[41~45]**

예제

2 4 3

정답 3척

41

1 2 3

42

```
1 2 5 1 5 2
```

43

```
3 3 5 5 4 4
```

44

7 8 5 6 4 3 2

45

4 8 6 4 9 4 2 3

※ 고양이가 왼쪽 배열부터 쥐를 한 마리씩 잡고 있다. 고양이 자신보다 큰 수치의 쥐는 잡을 수 없으며, 1마리를 잡을 때마다 잡은 쥐의 수치만큼 고양이가 커진다. 쥐의 배열은 임의로 변경할 수 있으며, 순서를 변경한 쥐의 수치는 1이 증가한다. 쥐에 대한 배열과 고양이의 수치가 다음과 같을 때, 모든 쥐를 연달아 잡을 수 있는 배열을 구하시오(단, 배열은 가장 왼쪽 쥐를 가장 오른쪽으로만 보낼 수 있으며, 정답의 배열은 쥐를 옮긴 후의 수치로 한다). **[46~50]**

예제

쥐 배열 : 5 4 7 고양이 : 4

정답 4 7 6

46

쥐 배열 : 1 2 3 4 고양이 : 1

47

쥐 배열 : 4 4 3 2 1
고양이 : 2

48

쥐 배열 : 9 8 7 5 1
고양이 : 5

49

쥐 배열 : 8 1 9 4 3 7
고양이 : 5

50

쥐 배열 : 14 8 2 3 6 9 8 1 5
고양이 : 7

※ 최소한의 버스로 모든 승객을 태우고 가려 한다. 버스는 한 번에 전체 승객 수의 평균에서 소수점을 버림하여 일의 자리까지 나타낸 값만큼 태울 수 있고, 한 번 탑승한 버스는 또 탑승할 수 없다. 승객 수에 대한 배열이 다음과 같을 때, 모든 승객을 이동시키려면 총 몇 대의 버스가 필요한지 구하시오(단, 버스의 인원 제한을 끝까지 채울 필요는 없으며, 배열의 한 요소가 버스의 수용인원보다 많다면 나눠서 태울 수는 있지만, 배열의 요소끼리 합하여 태울 수는 없다). **[51~55]**

예제

1 5 4 2

정답 6대

51

3 4 5 6

52

8 4 3 1

53

9 5 8 2 7 1

54

12 15 19 2 15 16 3

55

2 8 4 6 7 15 43 32 3

※ 어느 공사장에서 매일 폐기물이 발생하고 있다. 발생한 폐기물은 트럭을 통해 다른 장소로 옮겨야 하며. 당일 나온 폐기물은 반드시 당일에 남김없이 모두 처리해야 한다. 한 번 폐기물을 실어 나른 트럭은 다시 실어 나를 수 없으며 모든 트럭이 한 번에 x만큼 실어 나를 수 있을 때, 폐기물을 처리하기 위한 트럭의 최소 대수를 구하시오(단, 트럭의 무게 제한을 끝까지 채울 필요는 없으며, 배열의 한 요소가 트럭의 무게 제한보다 많다면 나눠서 실어 나를 수 있지만, 배열의 요소끼리 합하여 실어 나를 수는 없다). [56~60]

예제

$x=4$
폐기물 발생 현황 : 10 8 9 8 8 10 7 6

정답 19대

56

$x=5$
폐기물 발생 현황 : 13 11 9 7 10 11 12 11

57

$x = 8$
폐기물 발생 현황 : 18 16 15 18 17 17 19 18

58

$x = 3$
폐기물 발생 현황 : 17 15 16 14 14 17 19 17

59

$x=6$ 폐기물 발생 현황 : 12 10 11 13 11 13 12 13

60

$x=7$ 폐기물 발생 현황 : 22 20 22 21 23 20 22 21

※ **다음은 △, □로 이루어진 수열이다. 〈보기〉의 명령 A, B, C에 따라 값을 바꿀 때, 입력값을 결괏값으로 전환하기 위한 최소한의 행동은 몇 번인지 구하시오(단, 명령을 동시에 수행할 수 없다). [61~65]**

보기

A : △가 연속으로 2개 있을 경우 □ 1개로 그 자리에서 전환가능하다.
B : □가 배열에 상관없이 3개가 있을 경우 △ 1개로 전환되고, 자리는 아무 곳에 배치할 수 있다.
C : △ 또는 □ 1개를 추가한다(단, 아무 곳에 배치할 수 있다).

예제

입력값	( )	결괏값
□△□□□	→	△△□

정답 1번

61

입력값	( )	결괏값
□△□△	→	△△△

62

입력값	( )	결괏값
△□△□	→	△□□△△□□

63

입력값	( )	결괏값
△□□□△□	→	△□□□

64

입력값	( )	결괏값
△△□△△□	→	△□△

65

입력값	( )	결괏값
□△□△△	→	□□△□

※ 현수가 A산 정상에서 하산하면서 방문 기념 스탬프를 찍고자 한다. 스탬프를 찍을 수 있는 위치(▣)가 다음과 같을 때, 정상에서 입구에 도착할 때까지 찍을 수 있는 스탬프의 최대 개수를 구하시오(단, 스탬프는 한 위치에서 한 개만 찍을 수 있으며, 현수는 오른쪽 또는 아래로만 이동할 수 있다). **[66~70]**

예제

정상			▣		
	▣				
			▣		▣
					입구

정답 3개

66

정상			▣		
▣					
▣		▣			
	▣				입구

67

정상		▣			▣
	▣			▣	
▣			▣		
		▣			
	▣				입구

68

정상			▣		
▣		▣			▣
					▣
	▣				입구

69

정상		▣			▣
▣				▣	
		▣			
▣				▣	▣
▣		▣			입구

70

정상		▣			
	▣				▣
			▣		
▣					입구

※ 어떤 게임에서 함정이 여러 개 있는 미로를 빠져나가려고 한다. 함정에 빠지면 각 함정에 해당하는 수치만큼 체력이 줄어든다고 한다. 체력이 x인 캐릭터가 미로를 빠져나갈 때, 도착 지점에 도착 후 남은 체력의 최솟값을 구하시오(단, 캐릭터는 오른쪽 또는 아래로만 이동할 수 있으며, 체력이 모두 줄어 0 이하가 되면 0을 출력한다). **[71~75]**

예제

$x=100$

출발	15				
		30			
				15	
20					10
			5		도착

정답 30

71

$x=75$

출발			25		
	30				30
				20	
20		25			도착

72

$x = 90$

출발		13			
	26			37	
25					
		28		6	7
				7	도착

73

$x = 100$

출발		40			40
				30	
	35		30	35	
30					40
40			40		도착

74

$x=200$

출발		40	40		
					55
50				60	
		55			
40				55	도착

75

$x=150$

출발	7				
			6	4	
6	10	9	3		
2	3	3	2		5
4	8	4	6		도착

PART

2

최종점검 모의고사

제1회 최종점검 모의고사

정답 및 해설 p.074

※ 불규칙적으로 나열된 알파벳 카드를 왼쪽부터 오름차순으로 정렬할 때, 왼쪽에서 n번째에 있는 알파벳 카드를 구하시오. [1~5]

예제

B	A	G	H	C

$n=3$

정답 C

01

L	D	M	F	N

$n=2$

02

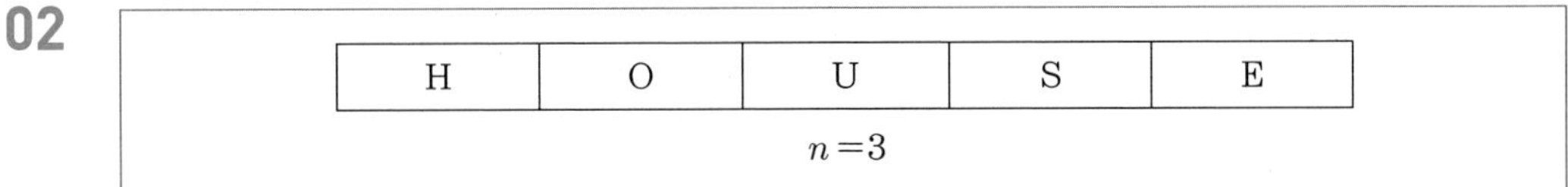

03

Z	E	T	Y	C

$n=2$

04

P	A	E	H	K

$n=4$

05

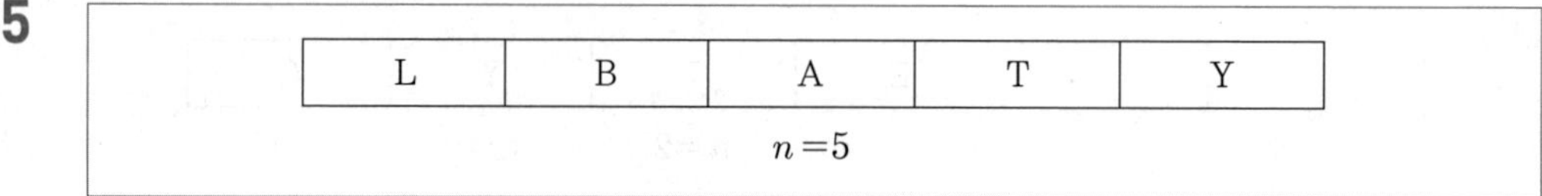

※ 색이 서로 다른 n개의 구슬에서 r개를 골라 서로 다른 문자를 부여하고자 할 때, 가능한 경우의 수를 구하시오. [6~10]

$n=4,\ r=2$

정답 12가지

PART 2 최종점검 모의고사

06

$n=3,\ r=2$

07

$n=4,\ r=3$

08

$n=5,\ r=2$

09

$n=5,\ r=4$

10

$n=6,\ r=2$

※ 각각의 금액을 가진 자동차들이 배열의 왼쪽부터 순서대로 한 대씩 톨게이트를 지나가려 한다. 자동차 한 대가 지나갈 때마다 톨게이트 비용은 1씩 늘어나며, 자동차가 가진 금액이 톨게이트 비용보다 적으면 지나가지 못한다. 각각의 금액을 가진 자동차들의 배열과 톨게이트 비용이 다음과 같을 때, 톨게이트를 통과할 수 있는 자동차 수는 몇 대인지 구하시오(단, 통과할 자동차의 순서는 임의로 일대일로 변경할 수 있으며, 변경한 각 자동차의 금액은 1씩 차감한다. 금액이 0이 된 자동차는 배열에서 제외된다). [11~15]

예제

자동차 금액 : 3 2 2
톨게이트 비용 : 2

정답 1대

11

자동차 금액 : 1 2 3
톨게이트 비용 : 1

12

자동차 금액 : 3 3 3 3 3
톨게이트 비용 : 1

13

자동차 금액 : 5 4 3 2 1
톨게이트 비용 : 1

14

자동차 금액 : 3 2 4 1 6 2 5 톨게이트 비용 : 4

15

자동차 금액 : 12 8 21 5 6 2 18 톨게이트 비용 : 9

※ 다음과 같은 배열이 주어질 때, 주어진 두 수의 가운데에 있는 값을 구하시오. [16~20]

1	4	7	10	13	16	19	22	25	28	31	34	…

예제

1, 43

정답 22

16

1, 55

17

1, 103

18

25, 103

19

43, 127

20

106, 346

※ S공사는 산간 지역에 송전탑을 세워 전선을 연결하고자 한다. 각 지역을 연결하는 데 필요한 전선 길이가 다음과 같을 때, 모든 지역을 연결할 수 있는 전선 길이 합의 최솟값을 구하시오. [21~25]

예제

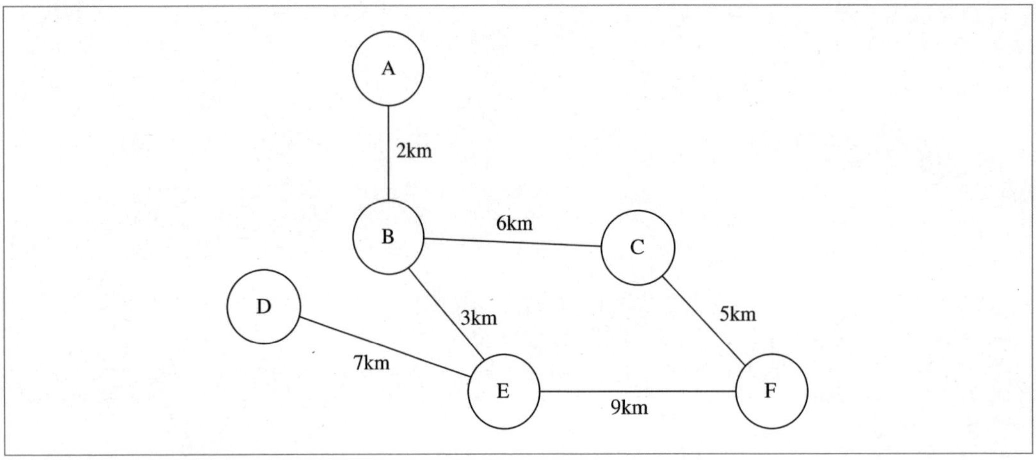

정답 23km

21

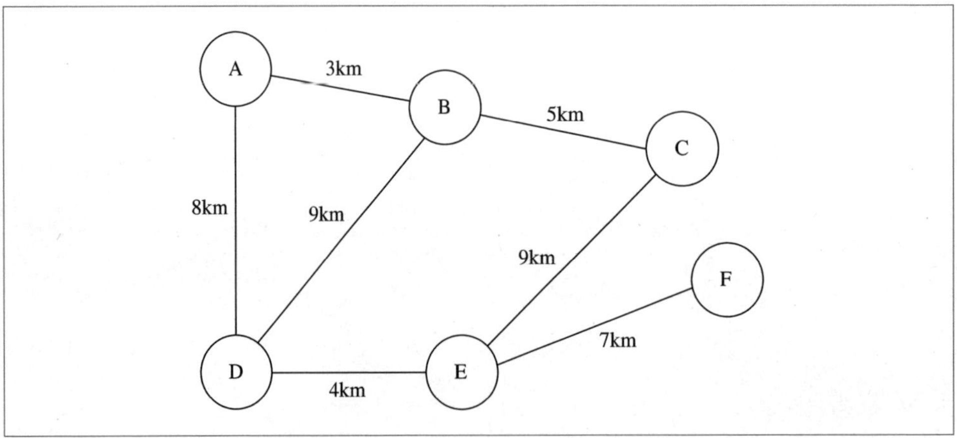

22

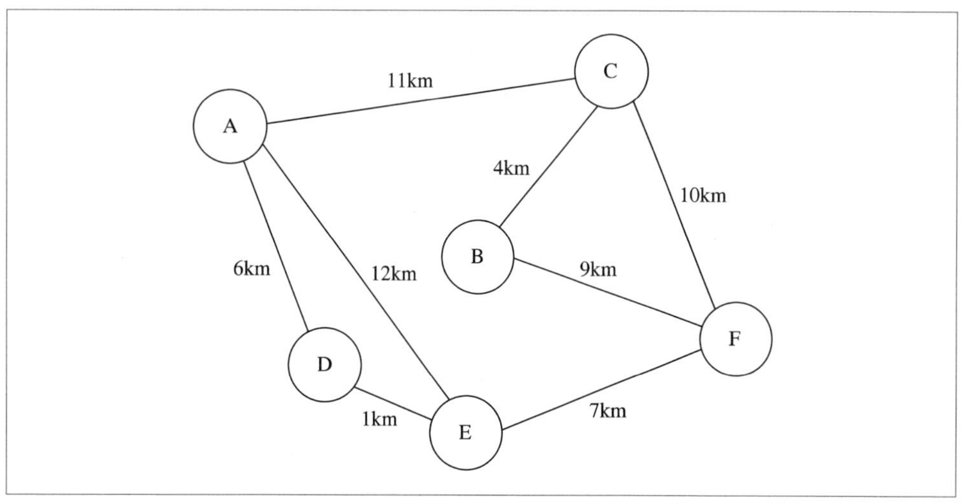
A
B
C
D
E
F
11km
4km
10km
6km
12km
9km
1km
7km

23

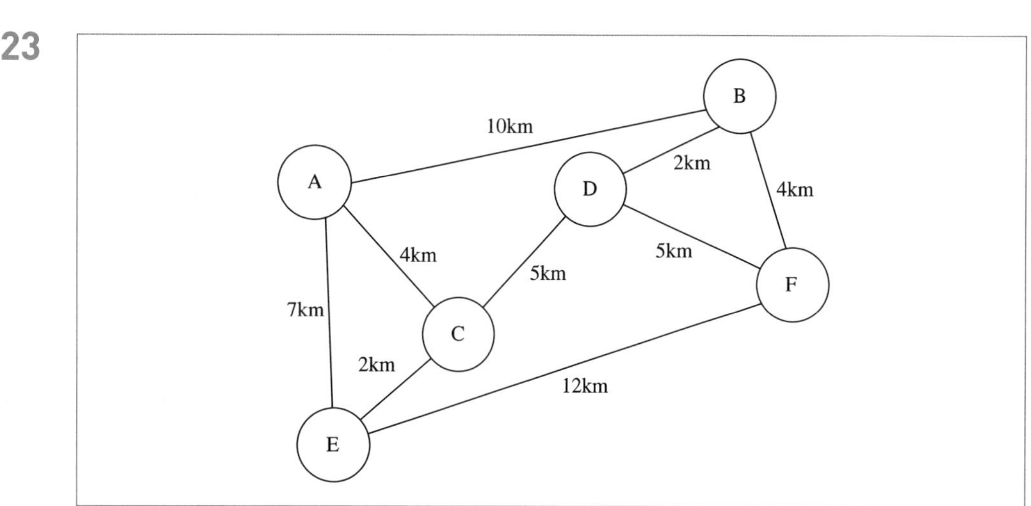
A
B
C
D
E
F
10km
2km
4km
4km
5km
5km
7km
2km
12km

24

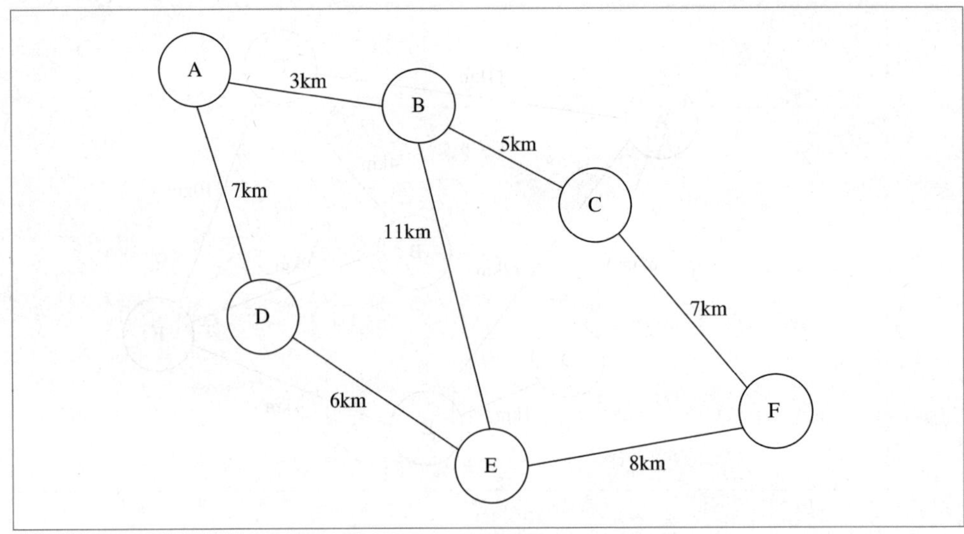
A
B
C
D
E
F
3km
5km
7km
11km
7km
6km
8km

25

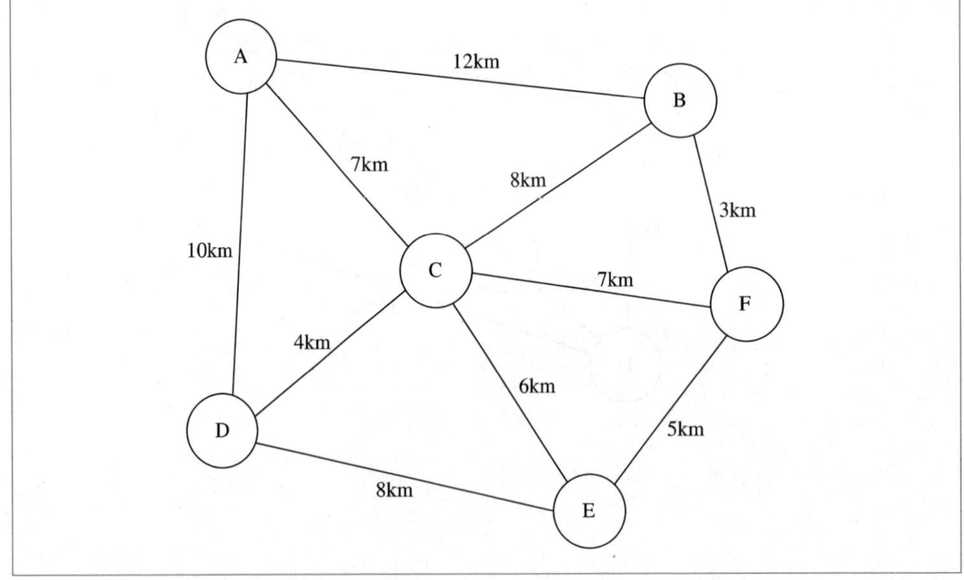
A
B
C
D
E
F
12km
7km
8km
3km
10km
7km
4km
6km
5km
8km

제2회 최종점검 모의고사

정답 및 해설 p.079

※ 강당에서 고유번호가 부여된 의자를 정리하고자 한다. 다음 선택 정렬에 대한 글을 읽고 의자에 부여된 고유번호를 선택 정렬에 따라 왼쪽부터 내림차순으로 정리하는 데 필요한 이동 횟수를 구하시오. [1~5]

[선택 정렬]

12	33	7	25	19	14

① 주어진 리스트에서 가장 큰 값인 33을 가장 앞에 위치한 12와 교환한다.

12	33	7	25	19	14	→	33	12	7	25	19	14

이동 횟수 : 1회

② 고정된 1번째 값을 제외한 나머지 값에서 가장 큰 값인 25를 2번째 값인 12와 교환한다.

33	12	7	25	19	14	→	33	25	7	12	19	14

이동 횟수 : 2회

③ 고정된 1번째 값, 2번째 값을 제외한 나머지 값에서 가장 큰 값인 19를 3번째 값인 7과 교환한다.

33	25	7	12	19	14	→	33	25	19	12	7	14

이동 횟수 : 3회

④ 고정된 1번째 값, 2번째 값, 3번째 값을 제외한 나머지 값에서 가장 큰 값인 14를 4번째 값인 12와 교환한다.

33	25	19	12	7	14	→	33	25	19	14	7	12

이동 횟수 : 4회

⑤ 고정된 1번째 값, 2번째 값, 3번째 값, 4번째 값을 제외한 나머지 값에서 가장 큰 값인 12를 5번째 값인 7과 교환한다.

33	25	19	14	7	12	→	33	25	19	14	12	7

이동 횟수 : 5회

⑥ 더 이상 비교하여 교환할 수가 없으므로 모든 정렬이 완료되었다.

33	25	19	14	12	7

예제

155	172	162	159	157	153

정답 4회

01

174	167	154	164	160	159

02

165	171	160	157	159	178

03

180	176	174	150	164	157

04

174	172	162	182	161	158

05

150	172	186	168	160	159

※ 다음 주어진 a부터 b까지 홀수의 합을 구하시오. [6~10]

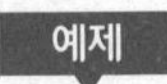

$$a=1,\ b=10$$

정답 25

06

$$a=4,\ b=24$$

07

$a=10,\ b=46$

08

$a=12,\ b=66$

09

$a=30,\ b=100$

10

$a=24,\ b=240$

※ 특수한 공을 벽에 좌우로 튕기고 있다. 공을 튕길 때마다 공의 수치가 절반씩 줄어들며, 1 미만으로 내려갈 수는 없다. 공에 대한 수치가 다음과 같을 때, 공이 최대 몇 번 튕기는지 구하시오(단, 튕길 때마다 수치는 소수점 첫째 자리에서 반올림한다). [11~15]

예제

12

정답 4번

PART 2 최종점검 모의고사

11

20

12

28

13

40

14

88

15

100

※ 어떤 게임에서 회차마다 결과에 따라 구슬을 얻거나 잃는다고 한다. 이 게임에 참가한 A ~ C팀의 회차별 얻거나 잃은 구슬의 개수가 다음과 같을 때, 마지막 회차까지 진행 후 구슬의 수가 가장 많은 팀을 구하시오. [16~20]

예제

팀	1회	2회	3회	4회	5회	6회	7회	8회	9회	10회	11회	12회
A	10	5	−2	3	4	8	3	−5	1	4	−5	5
B	10	8	7	10	−3	6	−2	8	−3	5	6	6
C	10	1	2	−3	−7	8	6	−4	8	7	−5	10

정답 B팀

16

팀	1회	2회	3회	4회	5회	6회	7회	8회	9회	10회	11회	12회
A	2	−3	−2	2	4	6	−7	5	−6	5	5	5
B	5	5	−3	5	−3	−2	5	−7	4	5	10	−4
C	6	6	2	7	−2	7	6	5	10	8	10	10

17

팀	1회	2회	3회	4회	5회	6회	7회	8회	9회	10회	11회	12회
A	2	−3	4	4	−8	5	6	−4	6	10	−2	4
B	3	8	10	7	−2	8	7	4	−1	10	5	8
C	4	−2	8	4	7	5	5	6	8	9	−7	3

18

팀	1회	2회	3회	4회	5회	6회	7회	8회	9회	10회	11회	12회
A	1	−3	−2	2	4	6	−7	5	−6	5	5	5
B	3	5	−3	5	−3	−2	5	−7	4	5	10	−4
C	4	6	2	7	−2	7	6	3	−8	8	2	4

19

팀	1회	2회	3회	4회	5회	6회	7회	8회	9회	10회	11회	12회
A	4	−2	5	9	4	−3	5	4	6	10	8	7
B	4	−1	5	−5	7	6	4	−7	8	4	2	−2
C	7	8	−4	5	6	2	1	−4	5	3	−4	5

20

팀	1회	2회	3회	4회	5회	6회	7회	8회	9회	10회	11회	12회
A	8	2	−4	5	8	7	−2	4	6	−2	−1	10
B	7	3	4	1	2	−4	−4	8	2	1	4	−6
C	5	−1	2	−4	5	6	−4	3	4	1	7	−2

※ 영선이는 이번 휴가 때 본가로 가면서 휴게소에 방문하여 선물을 사고자 한다. 휴게소(△)의 위치가 다음과 같을 때, 본가에 도착할 때까지 살 수 있는 선물의 최대 개수를 구하시오(단, 선물은 한 휴게소에서 1개씩만 살 수 있으며, 영선이는 오른쪽 또는 아래로만 움직일 수 있다). **[21~25]**

예제

출발					△
	△				
			△		
					△
	△			△	본가

정답 3개

PART 2 최종점검 모의고사

21

출발			△		
△					△
		△			
	△				
			△		본가

22

출발	△				
△					△
		△		△	
	△				
				△	본가

23

출발	△				△
△				△	
			△		
		△	△		
		△			본가

24

출발		△			
△					
					△
	△				
△					본가

25

출발		△		△	
△			△		△
	△		△	△	
△					△
	△		△		본가

제3회 최종점검 모의고사

정답 및 해설 p.085

※ C물류센터에 상품을 정리해주는 로봇을 구비하였다. 로봇은 상품번호를 읽은 후 버블 정렬에 따라 왼쪽부터 오름차순으로 상품을 정리한다. 이 로봇은 정렬 1회전 동안 옮길 수 있는 양은 제한되어 있지 않지만, 기술적 한계로 정렬 1회전 후 연료의 양이 1만큼 줄어들며, 연료의 양이 0이 되면 작동을 멈추게 된다. 다음 버블 정렬에 대한 설명을 읽고 x만큼의 연료를 가지는 로봇이 상품을 정리할 때, 작동을 멈춘 후 상품의 최종 배열 상태를 구하시오(단, 물건의 이동이 없으면 회전수를 셈하지 않는다). **[1~5]**

[버블 정렬]

43	27	35	6	22	10

① 주어진 리스트에서 1번째 값인 43과 2번째 값인 27을 비교하여 작은 값인 27이 앞에 오도록 한다.

43	27	35	6	22	10

→

27	43	35	6	22	10

② 2번째 값인 43과 3번째 값인 35를 비교하여 작은 값인 35가 앞에 오도록 한다.

27	43	35	6	12	10

→

27	35	43	6	12	10

③ 이 작업을 반복하여 $(n-1)$번째 값과 n번째 값까지 비교한다. n번째 값이 고정되면 1회전 한 것으로 본다.

27	35	43	6	12	10

→

27	35	6	43	12	10

→

27	35	6	12	43	10

→

27	35	6	12	10	43

→

27	35	6	12	10	43

④ 리스트의 모든 숫자가 고정될 때까지 고정되지 않은 숫자들에 한해서 ①~③ 과정을 반복한다.

예제

$x=3$

3	16	12	25	21	15	37

정답 3 12 15 16 21 25 37

01

$x = 2$

13	25	2	9	15	27	16

02

$x = 4$

7	17	13	2	19	5	11

03

$x = 3$

37	18	13	16	29	28	6

04

$x=2$

3	18	27	33	12	42	6

05

$x=3$

16	9	1	25	4	49	36

※ 어느 학교 음악동아리에서 경연에 나갈 학생을 뽑고자 한다. 이 동아리 회원 n명 중 r명만 경연에 참석할 수 있을 때, 뽑을 수 있는 경우의 수를 구하시오. [6~10]

$n=8,\ r=2$

정답 28가지

PART 2 최종점검 모의고사

06

$n=8,\ r=4$

07

$n=9,\ r=5$

08

$n=10,\ r=4$

09

$n=11,\ r=4$

10

$n=12,\ r=5$

※ 어느 마트에서 무게의 합이 x를 넘지 않도록 과자를 바구니에 담으면 금액을 할인해 주는 행사를 진행하고 있다. 바구니에 담을 과자의 무게의 합이 x를 넘지 않도록 과자를 담을 때, 과자 가격의 합의 최댓값을 구하시오(단, 과자는 품목당 1개만 담을 수 있다). **[11~15]**

예제

$x=5$

품목 번호	무게	가격(원)
1	2	500
2	1	1,000
3	3	2,000

정답 3,000원

11

$x=3$

품목 번호	무게	가격(원)
1	1	1,000
2	2	2,000
3	3	1,000

12

$x = 4$

품목 번호	무게	가격(원)
1	1	3,000
2	2	4,000
3	2	2,000

13

$x = 5$

품목 번호	무게	가격(원)
1	2	1,000
2	1	3,000
3	3	500

14

$x = 3$

품목 번호	무게	가격(원)
1	3	1,000
2	2	1,500
3	1	2,000

15

$x = 7$

품목 번호	무게	가격(원)
1	4	3,000
2	2	2,000
3	3	1,000

※ 한 번에 1계단 또는 2계단씩 오를 수 있는 계단이 있다. n개의 계단을 오를 수 있는 경우의 수를 구하시오. [16~20]

예제

$n=5$

정답 8가지

PART 2 최종점검 모의고사

16

$n=7$

17

$n=8$

18

$n=11$

19

$$n=14$$

20

$$n=17$$

※ S시는 여러 섬을 잇는 다리를 건설하고자 한다. 다리를 통해 모든 섬으로의 이동이 가능하도록 할 때, 건설해야 할 다리 길이의 합의 최솟값을 구하시오. **[21~25]**

예제

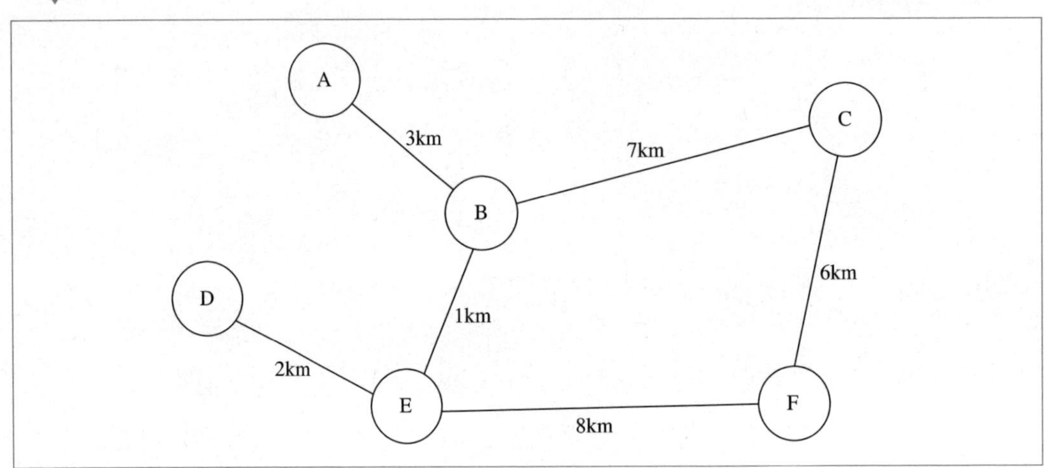

정답 19km

21

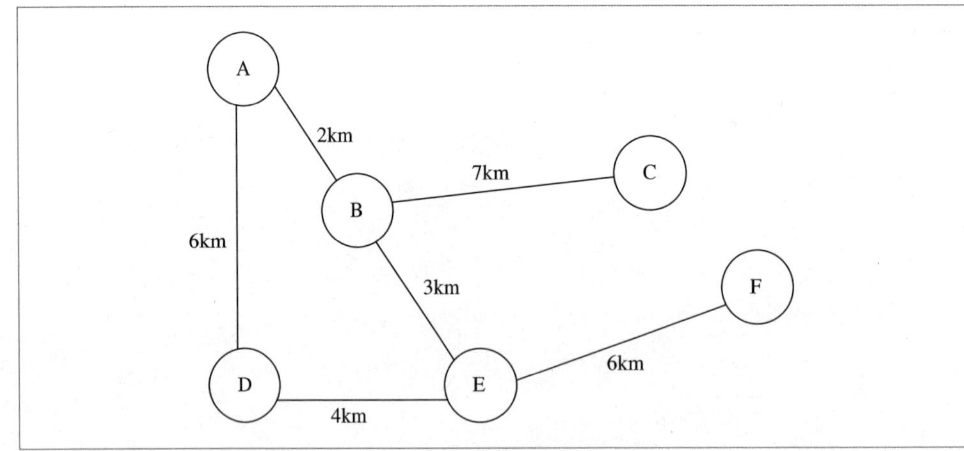

22

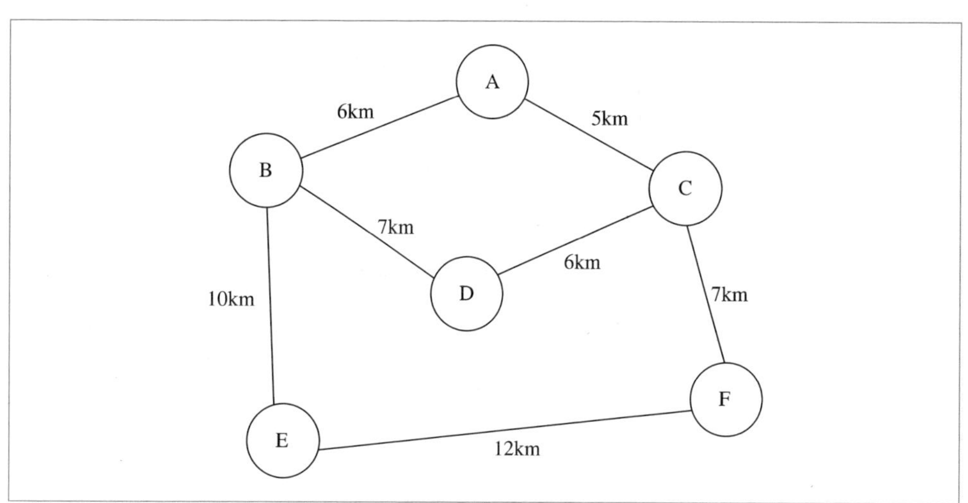
A
B
C
D
E
F
6km
5km
7km
6km
10km
7km
12km

23

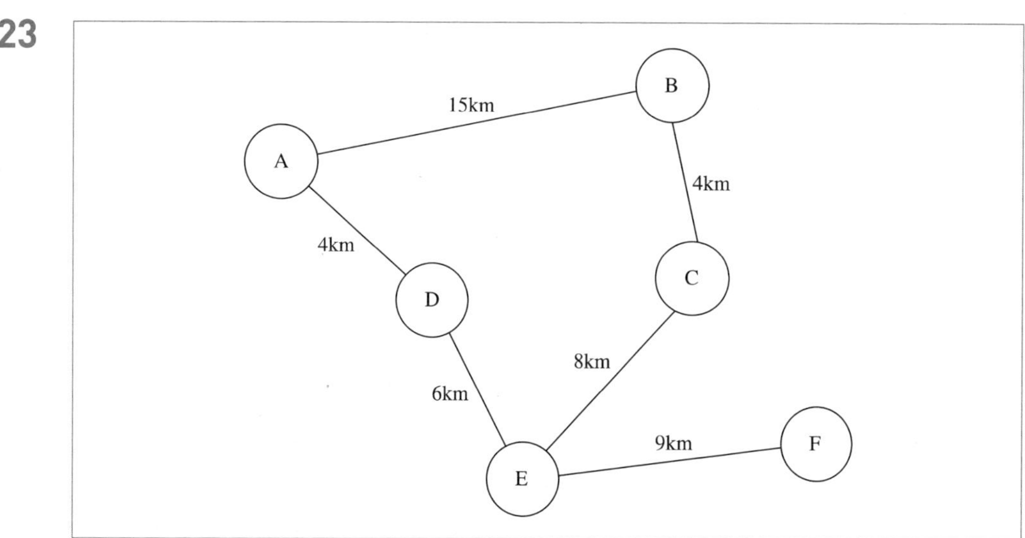
A
B
C
D
E
F
15km
4km
4km
8km
6km
9km

24

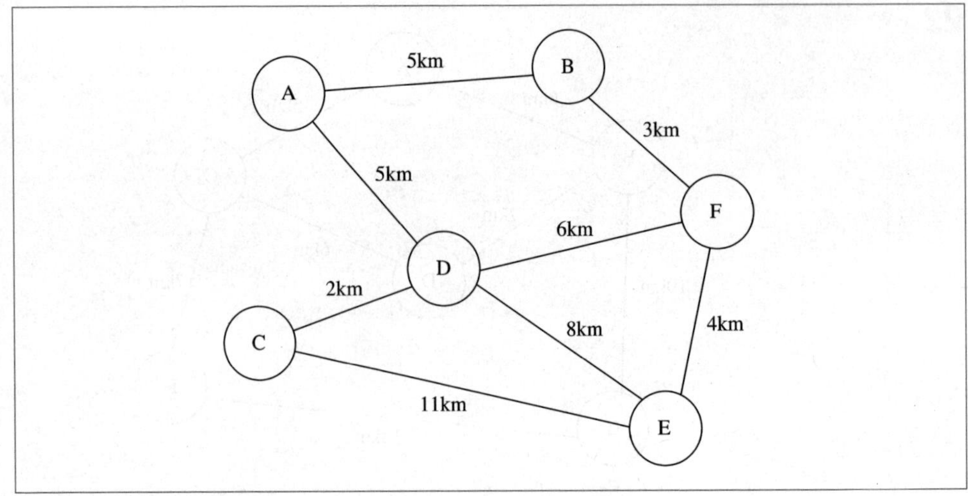

A
B
C
D
E
F
5km
3km
5km
6km
2km
8km
4km
11km

25

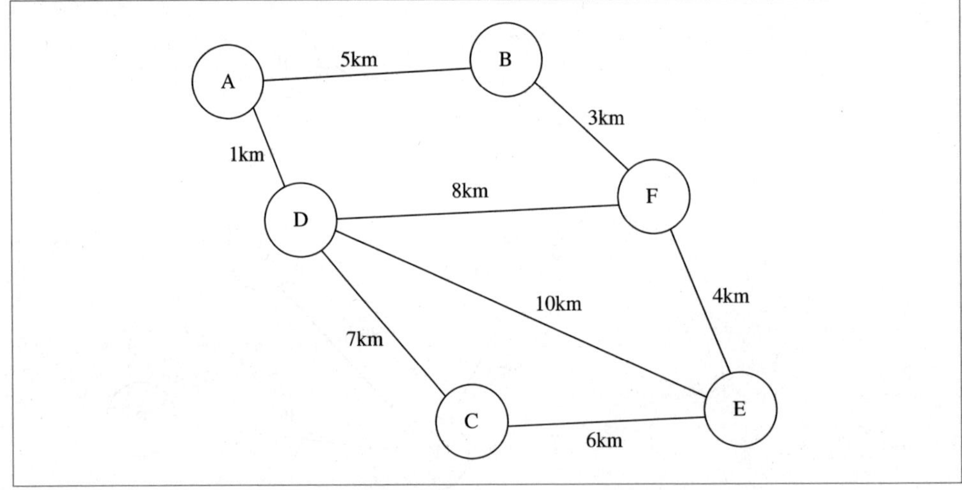

A
B
C
D
E
F
5km
3km
1km
8km
10km
4km
7km
6km

작은 기회로부터 종종 위대한 업적이 시작된다.

– 데모스테네스 –

아이들이 답이 있는 질문을 하기 시작하면
그들이 성장하고 있음을 알 수 있다.

-존 J. 플롬프-

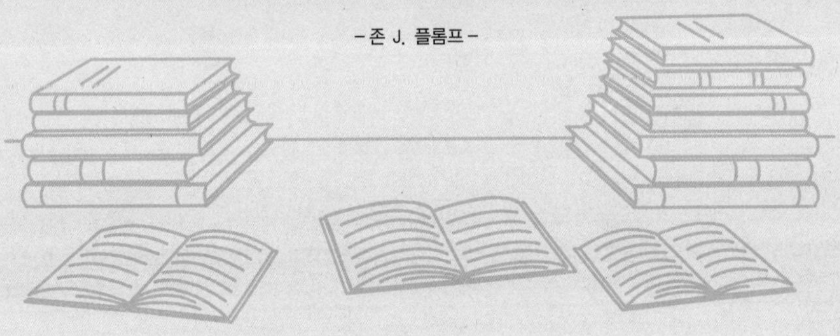

앞선 정보 제공! 도서 업데이트

언제, 왜 업데이트될까?

도서의 학습 효율을 높이기 위해 자료를 추가로 제공할 때!
공기업 · 대기업 필기시험에 변동사항 발생 시 정보 공유를 위해!
공기업 · 대기업 채용 및 시험 관련 중요 이슈가 생겼을 때!

01 시대에듀 도서 www.sdedu.co.kr/book 홈페이지 접속

02 상단 카테고리 「도서업데이트」 클릭

03 해당 기업명으로 검색

참고자료, 시험 개정사항 등 정보 제공으로 학습효율을 높여 드립니다.

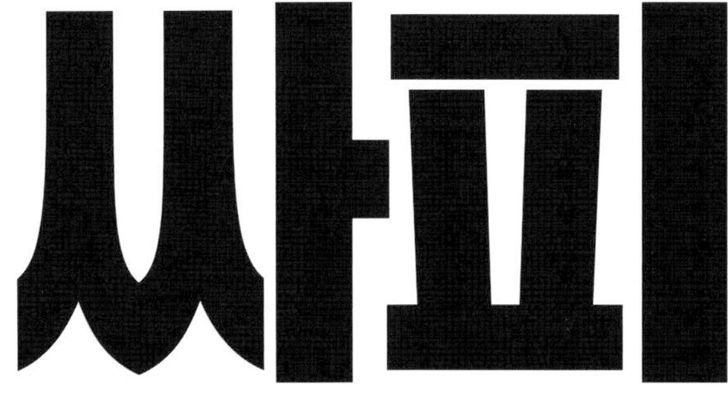

삼성 청년 SW아카데미

SW적성진단 CT 주관식 단기완성

편저 | SDC(Sidae Data Center)

SAMSUNG SOFTWARE ACADEMY FOR YOUTH

SSAFY

| 정답 및 해설 |

시대에듀

PART 1

CT 유형학습 정답 및 해설

CHAPTER

01 정렬 유형점검

[1~5]

예제풀이

36	9	12	24	정렬 전
9	12	24		1권

따라서 고유번호가 36인 책을 창고에 보관하면 된다.

01 정답 1권

20	12	24	32	정렬 전
12	24	32		1권

또는

20	12	24	32	정렬 전
20	24	32		1권

따라서 고유번호가 20인 책 또는 12인 책을 창고에 보관하면 된다.

02 정답 1권

3	17	11	36	39	정렬 전
3	11	36	39		1권

또는

3	17	11	36	39	정렬 전
3	17	36	39		1권

따라서 고유번호가 17 또는 11인 책을 창고에 보관하면 된다.

03 정답 0권

모든 책이 오름차순으로 정렬되어 있으므로 창고에 보관할 책은 없다.

04 정답 2권

16	32	40	42	22	59	31	정렬 전
16	32	40	42	59	31		1권
16	32	40	42	59			2권

05 정답 7권

모든 책이 내림차순으로 정리되어 있으므로 1권을 제외한 모든 책을 창고에 보관하면 된다. 따라서 책은 8권 있으므로 7권을 창고에 보관하면 된다.

[6~10]

예제풀이

하태우	오진아	김선혜	나희영	우태영	정렬 전
김선혜	나희영	오진아	우태영	하태우	정렬 후

따라서 왼쪽에서 3번째에 있는 학생증에 적힌 이름은 오진아이다.

06 정답 류묵환

류묵환	임주은	서민혁	김진흥	유미나	정렬 전
김진흥	류묵환	서민혁	유미나	임주은	정렬 후

따라서 왼쪽에서 2번째에 있는 학생증에 적힌 이름은 류묵환이다.

07 정답 박민성

김유진	박민성	이은유	나희재	조동혁	정렬 전
김유진	나희재	박민성	이은유	조동혁	정렬 후

따라서 왼쪽에서 3번째에 있는 학생증에 적힌 이름은 박민성이다.

08 정답 이인혜

서민주	김혁준	강준성	이인혜	서유영	정렬 전
강준성	김혁준	서민주	서유영	이인혜	정렬 후

따라서 왼쪽에서 5번째에 있는 학생증에 적힌 이름은 이인혜이다.

09 정답 태민우

홍민우	김성모	구혜영	주유근	태민우	정렬 전
구혜영	김성모	주유근	태민우	홍민우	정렬 후

따라서 왼쪽에서 4번째에 있는 학생증에 적힌 이름은 태민우이다.

10 정답 김선혜

김대인	라혜은	김선혜	박은규	이정모	정렬 전
김대인	김선혜	라혜은	박은규	이정모	정렬 후

따라서 왼쪽에서 2번째에 있는 학생증에 적힌 이름은 김선혜이다.

[11~15]

예제풀이

9	12	3	17	8	24	정렬 전
3	12	9	17	8	24	1회
3	8	9	17	12	24	2회
3	8	9	12	17	24	3회

11 정답 2회

22	11	34	23	6	40	정렬 전
6	11	34	23	22	40	1회
6	11	22	23	34	40	2회

12 정답 1회

9	18	34	22	36	39	정렬 전
9	18	22	34	36	39	1회

13 정답 1회

2	9	13	31	28	24	정렬 전
2	9	13	24	28	31	1회

14 정답 2회

10	27	15	21	34	35	정렬 전
10	15	27	21	34	35	1회
10	15	21	27	34	35	2회

15 정답 5회

19	28	33	27	40	4	정렬 전
4	28	33	27	40	19	1회
4	19	33	27	40	28	2회
4	19	27	33	40	28	3회
4	19	27	28	40	33	4회
4	19	27	28	33	40	5회

[16~20]

예제풀이

45	8	15	11	53	정렬 전
8	15	11	45	53	1회전
8	11	15	45	53	2회전

16 정답 1회전

4	41	14	25	34	정렬 전
4	14	25	34	41	1회전

17 정답 4회전

51	11	32	24	9	정렬 전
11	32	24	9	51	1회전
11	24	9	32	51	2회전
11	9	24	32	51	3회전
9	11	24	32	51	4회전

18 정답 2회전

3	21	34	19	28	정렬 전
3	21	19	28	34	1회전
3	19	21	28	34	2회전

19 정답 2회전

28	17	12	34	63	정렬 전
17	12	28	34	63	1회전
12	17	28	34	63	2회전

20 정답 4회전

34	51	40	37	19	정렬 전
34	40	37	19	51	1회전
34	37	19	40	51	2회전
34	19	37	40	51	3회전
19	34	37	40	51	4회전

CHAPTER

02 이산수학 유형점검

[1~5]

예제풀이

집합 A의 원소의 개수는 10개이고, 집합 B의 원소의 개수는 10개이다. 이때, 두 집합에 공통으로 들어가는 원소는 {2, 4, 6, 8, 10}으로 5개이다.
따라서 합집합의 원소의 개수는 10+10−5=15개이다.

01 정답 12개

집합 A의 원소의 개수는 8개이고, 집합 B의 원소의 개수는 5개이다. 이때, 두 집합에 공통으로 들어가는 원소는 {10}으로 1개이다.
따라서 합집합의 원소의 개수는 8+5−1=12개이다.

02 정답 22개

집합 A의 원소의 개수는 15개이고, 집합 B의 원소의 개수는 10개이다. 이때, 두 집합에 공통으로 들어가는 원소는 {5, 15, 25}로 3개이다.
따라서 합집합의 원소의 개수는 15+10−3=22개이다.

03 정답 18개

집합 A의 원소의 개수는 9개이고, 집합 B의 원소의 개수는 9개이다. 이때, 두 집합에 공통으로 들어가는 원소는 없다.
따라서 합집합의 원소의 개수는 9+9−0=18개이다.

04 정답 10개

집합 A의 원소의 개수는 10개이고, 집합 B의 원소의 개수는 10개이다. 이때, 두 집합의 원소가 모두 같다.
따라서 합집합의 원소의 개수는 10+10−10=10개이다.

05 정답 15개

집합 A의 원소의 개수는 15개이고, 집합 B의 원소의 개수는 10개이다. 이때, 집합 B의 모든 원소 {10, 100, 20, 200, 30, 300, 40, 400, 50, 500}이 집합 A에 포함되어 있다.
따라서 합집합의 원소의 개수는 15+10−10=15개이다.

[6~10]

예제풀이

100÷3=33 … 1이므로 나머지는 1이다.
따라서 남은 사과의 개수는 1개이다.

06 정답 **4개**

257÷11=23 … 4

07 정답 **0개**

512÷32=16 … 0

08 정답 **29개**

797÷32=24 … 29

09 정답 **17개**

1,501÷53=28 … 17

10 정답 **8개**

1,331÷21=63 … 8

[11~15]

예제풀이

50의 40%에 해당하는 값을 구하면 50×0.4=20이다.

11 정답 **42.3**

90의 47%에 해당하는 값을 구하면 90×0.47=42.3이다.

12 정답 **30.1**

35의 86%에 해당하는 값을 구하면 35×0.86=30.1이다.

13 정답 **1,848.96**

6,848의 27%에 해당하는 값을 구하면 6,848×0.27=1,848.96이다.

14 정답 **8,242.56**

12,879의 64%에 해당하는 값을 구하면 12,879×0.64=8,242.56이다.

15 정답 22,779.4

32,542의 70%에 해당하는 값을 구하면 $32,542\times0.7=22,779.4$이다.

[16~20]

예제풀이

2의 3제곱을 구한다.

$2^3=2\times2\times2=8$

16 정답 243

3의 5제곱을 구한다.

$3^5=3\times3\times3\times3\times3=243$

17 정답 2,401

7의 4제곱을 구한다.

$7^4=7\times7\times7\times7=2,401$

18 정답 59,049

9의 5제곱을 구한다.

$9^5=9\times9\times9\times9\times9=59,049$

19 정답 390,625

5의 8제곱을 구한다.

$5^8=(5^4)^2=((5^2)^2)^2=((5\times5)^2)^2=(25\times25)^2=(625)^2=390,625$

20 정답 1,771,561

11의 6제곱을 구한다.

$11^6=(11^3)^2=(11\times11\times11)^2=(1,331)^2=1,771,561$

[21~25]

예제풀이

단위를 통일한 뒤에 계산한다. 1L=1,000mL이다.
따라서 그릇에 물이 가득 차려면 1,000초가 걸린다.

21 정답 500초

$\frac{1,000}{2}\times1=500$초

PART 1 CT 유형학습

22 정답 1,200초

$\frac{2,000}{5} \times 3 = 1,200$초

23 정답 10,000초

$\frac{3,000}{1.5} \times 5 = 10,000$초

24 정답 9,100초

$\frac{9,100}{13} \times 13 = 9,100$초

25 정답 262,500초

$\frac{17,500}{10} \times 150 = 262,500$초

[26~30]

예제풀이

라면 5개를 사면 1개를 덤으로 주므로 6개를 1묶음으로 본다.
12=6×2이므로 2묶음을 구매하면 된다.

26 정답 4묶음

라면 4개를 사면 2개를 덤으로 주므로 6개를 1묶음으로 본다.
25=6×4+1이므로 4묶음을 구매하면 된다.

27 정답 23묶음

라면 10개를 사면 3개를 덤으로 주므로 13개를 1묶음으로 본다.
300=13×23+1이므로 23묶음을 구매하면 된다.

28 정답 114묶음

라면 5개를 사면 2개를 덤으로 주므로 7개를 1묶음으로 본다.
800=7×114+2이므로 114묶음을 구매하면 된다.

29 정답 116묶음

라면 25개를 사면 5개를 덤으로 주므로 30개를 1묶음으로 본다.
3,500=30×116+20이므로 116묶음을 구매하면 된다.

30 정답 357묶음

라면 24개를 사면 4개를 덤으로 주므로 28개를 1묶음으로 본다.
$10,000 = 28 \times 357 + 4$이므로 357묶음을 구매하면 된다.

[31~35]

예제풀이

10만큼의 소지금이 있었고 매일 n만큼 사용하여 현재 1이 남은 상태이다.
9만큼 사용했으므로, 가장 큰 소수는 3이다.

풀이 꿀팁

소수는 1과 자기 자신만으로 나누어떨어지는 1보다 큰 양의 정수(=자연수)이다.

500 이하 소수

2 3 5 7 11 13 17 19 23 29 31 37 41 43 47 53 59 61 67 71 73 79 83 89 97 101 103 107 109 113 127 131 137 139 149 151 157 163 167 173 179 181 191 193 197 199 211 223 227 229 233 239 241 251 257 263 269 271 277 281 283 293 307 311 313 317 331 337 347 349 353 359 367 373 379 383 389 397 401 409 419 421 431 433 439 443 449 457 461 463 467 479 487 491 499

31 정답 17

50만큼의 소지금이 있었고 매일 n만큼 사용하여 현재 16이 남은 상태이다.
$34(=2 \times 17)$만큼 사용했으므로, 가장 큰 소수는 17이다.

32 정답 17

100만큼의 소지금이 있었고 매일 n만큼 사용하여 현재 15가 남은 상태이다.
$85(=5 \times 17)$만큼 사용했으므로, 가장 큰 소수는 17이다.

33 정답 31

1,000만큼의 소지금이 있었고 매일 n만큼 사용하여 현재 8이 남은 상태이다.
$992(=2^5 \times 31)$만큼 사용했으므로, 가장 큰 소수는 31이다.

34 정답 67

1,200만큼의 소지금이 있었고 매일 n만큼 사용하여 현재 61이 남은 상태이다.
$1,139(=67 \times 17)$만큼 사용했으므로, 가장 큰 소수는 67이다.

35 정답 281

1,500만큼의 소지금이 있었고 매일 n만큼 사용하여 현재 95가 남은 상태이다.
$1,405(=5 \times 281)$만큼 사용했으므로, 가장 큰 소수는 281이다.

[36~40]

예제풀이

1부터 $2n$까지 짝수의 합은 n^2+n이다.

$5^2+5=30$

36 정답 104

1부터 20까지 짝수의 합을 구한 뒤 1부터 4까지 짝수의 합을 뺀다.

$(10^2+10)-(2^2+2)=104$

37 정답 630

1부터 50까지 짝수의 합을 구한 뒤 1부터 8까지 짝수의 합을 뺀다.

$(25^2+25)-(4^2+4)=630$

38 정답 1,230

1부터 70까지 짝수의 합을 구한 뒤 1부터 10까지 짝수의 합을 뺀다.

$(35^2+35)-(5^2+5)=1,230$

39 정답 3,318

1부터 120까지 짝수의 합을 구한 뒤 1부터 36까지 짝수의 합을 뺀다.

$(60^2+60)-(18^2+18)=3,318$

40 정답 16,302

1부터 256까지 짝수의 합을 구한 뒤 1부터 28까지 짝수의 합을 뺀다.

$(128^2+128)-(14^2+14)=16,302$

[41~45]

예제풀이

$1\sim n$까지의 합은 $\frac{n(n+1)}{2}$이다.

$28=\frac{n(n+1)}{2} \rightarrow n=7$

41 정답 4

$10=\frac{n(n+1)}{2} \rightarrow n=4$

42 정답 10

$55=\frac{n(n+1)}{2} \rightarrow n=10$

43 정답 50

$1,275=\frac{n(n+1)}{2} \rightarrow n=50$

44 정답 52

$1,378=\frac{n(n+1)}{2} \rightarrow n=52$

45 정답 73

$2,701=\frac{n(n+1)}{2} \rightarrow n=73$

[46~50]

예제풀이

15의 약수는 1, 3, 5, 15이므로 수 배열에서 1, 3, 5는 통과할 수 없다. 따라서 통과된 수는 총 4개이다.

46 정답 23개

27의 약수는 1, 3, 9, 27이다. 1 ~ 27에서 4개를 제외한 모든 수가 통과되므로 통과된 수는 총 23개이다.

47 정답 90개

1 ~ 100에서 30의 약수는 1, 2, 3, 5, 6, 10, 15, 30이고, 배수는 30, 60, 90이므로 약수와 배수의 개수를 제외한 90개의 수가 통과된다.

48 정답 113개

1 ~ 70, 100 ~ 150에서 50의 약수는 1, 2, 5, 10, 25, 50이고, 배수는 50, 100, 150이므로 1 ~ 70에서 64개가 통과되고 100 ~ 150에서 49개가 통과되므로 총 113개가 통과된다.

49 정답 99개

72의 약수는 1, 2, 3, 4, 6, 8, 9, 12, 18, 24, 36, 72이고, 배수는 72, 144, …이므로 1 ~ 50에서 39개가 통과되고 70 ~ 100에서 30개, 120 ~ 150에서 30개가 통과되므로 총 99개가 통과된다.

50 정답 952개

24의 약수는 1, 2, 3, 4, 6, 8, 12, 24이고 1,000까지의 배수는 24를 제외한 총 40개가 있으므로 약수와 배수를 제외한 952개가 통과된다.

[51~55]

예제풀이

원료의 개당 가격이 500원이고 이율이 20%이므로 100원의 이익이 생기고 가공비 50원을 제외한 순이익은 개당 50원이다. 따라서 1,000개 팔았으므로 1,000×50=50,000원의 순이익을 얻는다.

51 정답 750,000원

원료의 개당 가격이 2,000원이고 이율이 25%이므로 500원의 이익이 생기고 가공비 200원을 제외한 순이익은 개당 300원이다. 따라서 2,500개 팔았으므로 2,500×300=750,000원의 순이익을 얻는다.

52 정답 10,000,000원

원료의 개당 가격이 5,000원이고 이율이 40%이므로 2,000원의 이익이 생기고 가공비 1,000원을 제외한 순이익은 개당 1,000원이다. 따라서 10,000개 팔았으므로 10,000×1,000=10,000,000원의 순이익을 얻는다.

53 정답 0원

원료의 개당 가격이 10,000원이고 이율이 50%이므로 5,000원의 이익이 생기고 가공비 5,000원을 제외한 순이익은 개당 0원이다. 따라서 손해도 이익도 없다.

54 정답 187,500,000원

원료의 개당 가격이 25,000원이고 이율이 75%이므로 18,750원의 이익이 생기고 가공비 15,000원을 제외한 순이익은 개당 3,750원이다.
따라서 50,000개 팔았으므로 50,000×3,750=187,500,000원의 순이익을 얻는다.

55 정답 975,000,000원

원료의 개당 가격이 30,000원이고 이율이 115%이므로 34,500원의 이익이 생기고 가공비 15,000원을 제외한 순이익은 개당 19,500원이다.
따라서 50,000개 팔았으므로 50,000×19,500=975,000,000원의 순이익을 얻는다.

[56~60]

예제풀이

15,998,748+68,498,416+894,483=85,391,647

56 정답 66,661,558

8,768,464+48,108,784+9,784,310=66,661,558

57 정답 66,594,356

7,984,046+49,130,144+9,480,166=66,594,356

58 정답 93,870,354

65,436,546+18,746,310+9,687,498=93,870,354

59 정답 101,805,771

5,153,746+15,254,771+81,397,254=101,805,771

60 정답 102,308,942

11,265,898+78,257,556+12,785,488=102,308,942

[61~65]

예제풀이

(전체 바퀴의 넓이)=(바퀴의 반지름)^2×(원주율)×(개수)

$3^2 \times 3.14 \times 28 = 791.28$

61 정답 3,140

$5^2 \times 3.14 \times 40 = 3{,}140$

62 정답 9,043.2

$6^2 \times 3.14 \times 80 = 9{,}043.2$

63 정답 108,518.4

$12^2 \times 3.14 \times 240 = 108{,}518.4$

64 정답 3,768,000

$40^2 \times 3.14 \times 750 = 3{,}768{,}000$

65 정답 31,400,000

$50^2 \times 3.14 \times 4{,}000 = 31{,}400{,}000$

[66~70]

예제풀이

$3^2<13<4^2$이므로 천 조각을 3×3으로 배치할 때, 가장 큰 정사각형을 만들 수 있다. 천 조각 한 변의 길이가 2cm이므로 가장 큰 정사각형 모양 천의 한 변의 길이는 $2\times3=6$cm이다.

66 정답 9cm

$3^2<11<4^2$이므로 천 조각을 3×3으로 배치할 때, 가장 큰 정사각형을 만들 수 있다. 천 조각 한 변의 길이가 3cm이므로 가장 큰 정사각형 모양 천의 한 변의 길이는 $3\times3=9$cm이다.

67 정답 15cm

$5^2<27<6^2$이므로 천 조각을 5×5로 배치할 때, 가장 큰 정사각형을 만들 수 있다. 천 조각 한 변의 길이가 3cm이므로 가장 큰 정사각형 모양 천의 한 변의 길이는 $3\times5=15$cm이다.

68 정답 42cm

$6^2<45<7^2$이므로 천 조각을 6×6으로 배치할 때, 가장 큰 정사각형을 만들 수 있다. 천 조각 한 변의 길이가 7cm이므로 가장 큰 정사각형 모양 천의 한 변의 길이는 $7\times6=42$cm이다.

69 정답 35cm

$7^2<50<8^2$이므로 천 조각을 7×7로 배치할 때, 가장 큰 정사각형을 만들 수 있다. 천 조각 한 변의 길이가 5cm이므로 가장 큰 정사각형 모양 천의 한 변의 길이는 $5\times7=35$cm이다.

70 정답 110cm

$10^2<111<11^2$이므로 천 조각을 10×10으로 배치할 때, 가장 큰 정사각형을 만들 수 있다. 천 조각 한 변의 길이가 11cm이므로 가장 큰 정사각형 모양 천의 한 변의 길이는 $11\times10=110$cm이다.

[71~75]

예제풀이

소금물 100mL 중 소금의 양은 20%이므로 20g이다. 한 컵에 5mL만큼 담겨 있는 물을 20번 부어 소금물의 양을 200mL로 만들면 목표 농도인 10%가 된다.

풀이 꿀팁

소금물의 농도를 구하는 공식을 알아야 한다.

$$[\text{농도}(\%)]=\frac{(\text{소금의 양})}{(\text{소금물의 양})}\times100$$

71 정답 40번

소금물 120mL 중 소금의 양은 10%이므로 12g이다. 추가하는 물의 양을 xmL라 하면, $5=\frac{12}{120+x}\times100$이므로 $x=120$이다.

따라서 한 컵에 3mL만큼 담겨 있는 물을 $\frac{120}{3}=40$번 부으면 된다.

72 정답 25번

소금물 150mL 중 소금의 양은 8%이므로 12g이다. 추가하는 물의 양을 xmL라 하면, $4=\frac{12}{150+x}\times100$이므로 $x=150$이다.

따라서 한 컵에 6mL만큼 담겨 있는 물을 $\frac{150}{6}=25$번 부으면 된다.

73 정답 4번

소금물 200mL 중 소금의 양은 18%이므로 36g이다. 추가하는 물의 양을 xmL라 하면, $15=\frac{36}{200+x}\times100$이므로 $x=40$이다.

따라서 한 컵에 10mL만큼 담겨 있는 물을 $\frac{40}{10}=4$번 부으면 된다.

74 정답 10번

소금물 250mL 중 소금의 양은 12%이므로 30g이다. 추가하는 물의 양을 xmL라 하면, $6=\frac{30}{250+x}\times100$이므로 $x=250$이다.

따라서 한 컵에 25mL만큼 담겨 있는 물을 $\frac{250}{25}=10$번 부으면 된다.

75 정답 24번

소금물 500mL 중 소금의 양은 17%이므로 85g이다. 추가하는 물의 양을 xmL라 하면, $5=\frac{85}{500+x}\times100$이므로 $x=1,200$이다.

따라서 한 컵에 50mL만큼 담겨 있는 물을 $\frac{1,200}{50}=24$번 부으면 된다.

[76~80]

예제풀이

속력과 이동 거리의 단위를 통일시킨 뒤 $(\text{걸린 시간})=\frac{(\text{이동 거리})}{(\text{속력})}$ 공식을 이용하여 구한다.

$\frac{1,000}{10}=100$초, 분으로 환산 시 $\frac{100}{60}\fallingdotseq1.67$분

76 정답 2.78분

$\frac{2,000}{12}\fallingdotseq166.67$초, 분으로 환산 시 $\frac{166.67}{60}\fallingdotseq2.78$분

77 정답 5.56분

$\frac{3,000}{9} \fallingdotseq 333.33$초, 분으로 환산 시 $\frac{333.33}{60} \fallingdotseq 5.56$분

78 정답 0.49분

$\frac{500}{17} \fallingdotseq 29.41$초, 분으로 환산 시 $\frac{29.41}{60} \fallingdotseq 0.49$분

79 정답 3.59분

$\frac{4,521}{21} \fallingdotseq 215.29$초, 분으로 환산 시 $\frac{215.29}{60} \fallingdotseq 3.59$분

80 정답 2,666.67분

$\frac{8,000,000}{50} = 160,000$초, 분으로 환산 시 $\frac{160,000}{60} \fallingdotseq 2,666.67$분

[81~85]

예제풀이

서로 다른 n개 중 순서를 고려하지 않고 r개를 고르는 경우의 수는 ${}_n\mathrm{C}_r = \frac{n!}{r!(n-r)!}$가지이다.

따라서 서로 다른 모양이 그려진 카드 4장 중 2장을 고르는 경우의 수는 $\frac{4!}{2! \times 2!} = \frac{4 \times 3}{2 \times 1} = 6$가지이다.

81 정답 4가지

서로 다른 모양이 그려진 카드 4장 중 3장을 고르는 경우의 수는 $\frac{4!}{3! \times 1!} = \frac{4 \times 3 \times 2}{3 \times 2 \times 1} = 4$가지이다.

82 정답 10가지

서로 다른 모양이 그려진 카드 5장 중 2장을 고르는 경우의 수는 $\frac{5!}{2! \times 3!} = \frac{5 \times 4}{2 \times 1} = 10$가지이다.

83 정답 15가지

서로 다른 모양이 그려진 카드 6장 중 4장을 고르는 경우의 수는 $\frac{6!}{4! \times 2!} = \frac{6 \times 5}{2 \times 1} = 15$가지이다.

84 정답 35가지

서로 다른 모양이 그려진 카드 7장 중 3장을 고르는 경우의 수는 $\frac{7!}{3! \times 4!} = \frac{7 \times 6 \times 5}{3 \times 2 \times 1} = 35$가지이다.

85 정답 56가지

서로 다른 모양이 그려진 카드 8장 중 3장을 고르는 경우의 수는 $\frac{8!}{3!\times5!}=\frac{8\times7\times6}{3\times2\times1}=56$가지이다.

[86~90]

예제풀이

서로 다른 n개를 원형으로 나열하는 경우의 수는 $\frac{n!}{n}=(n-1)!$가지이다.

따라서 4개의 구역을 나누어 4가지 뽑기를 배치하는 경우의 수는 $(4-1)!=3!=3\times2\times1=6$가지이다.

86 정답 24가지

5개의 구역을 나누어 5가지 뽑기를 배치하는 경우의 수는 $(5-1)!=4!=4\times3\times2\times1=24$가지이다.

87 정답 720가지

7개의 구역을 나누어 7가지 뽑기를 배치하는 경우의 수는 $(7-1)!=6!=6\times5\times4\times3\times2\times1=720$가지이다.

88 정답 5,040가지

8개의 구역을 나누어 8가지 뽑기를 배치하는 경우의 수는 $(8-1)!=7!=7\times6\times5\times4\times3\times2\times1=5{,}040$가지이다.

89 정답 362,880가지

10개의 구역을 나누어 10가지 뽑기를 배치하는 경우의 수는 $(10-1)!=9!=9\times8\times7\times6\times5\times4\times3\times2\times1=362{,}880$가지이다.

90 정답 3,628,800가지

11개의 구역을 나누어 11가지 뽑기를 배치하는 경우의 수는 $(11-1)!=10!=10\times9\times8\times7\times6\times5\times4\times3\times2\times1=3{,}628{,}800$가지이다.

[91~95]

예제풀이

서로 다른 상품들을 순서대로 진열하는 것이기 때문에 순열 공식을 이용하여 풀이한다.

n개에서 r개를 골라 위치를 고려하여 진열하는 것은 n개에서 r개를 골라 일렬로 나열하는 경우로 볼 수 있고, 이때 경우의 수는 ${}_nP_r=[n\times(n-1)\times(n-2)\times\cdots\times(n-r+1)]$가지이다.

따라서 5가지의 상품 중에서 2가지를 골라 순서를 고려하여 진열하는 경우의 수는 ${}_5P_2=5\times4=20$가지이다.

91 정답 60가지

5가지의 상품 중에서 3가지를 골라 순서를 고려하여 진열하는 경우의 수는 ${}_5P_3=5\times4\times3=60$가지이다.

92 정답 30가지

6가지의 상품 중에서 2가지를 골라 순서를 고려하여 진열하는 경우의 수는 ${}_6P_2=6\times5=30$가지이다.

93 정답 360가지

6가지의 상품 중에서 4가지를 골라 순서를 고려하여 진열하는 경우의 수는 ${}_6P_4=6\times5\times4\times3=360$가지이다.

94 정답 210가지

7가지의 상품 중에서 3가지를 골라 순서를 고려하여 진열하는 경우의 수는 ${}_7P_3=7\times6\times5=210$가지이다.

95 정답 1,680가지

8가지의 상품 중에서 4가지를 골라 순서를 고려하여 진열하는 경우의 수는 ${}_8P_4=8\times7\times6\times5=1,680$가지이다.

[96~100]

예제풀이

```
2 | 9
2 | 4 … 1
2 | 2 … 0
    1 … 0
```

$9_{(10)}=1001_{(2)}$

따라서 2진수로 나타내면 $1001_{(2)}$이다.

96 정답 $1100_{(2)}$

```
2 | 12
2 | 6 … 0
2 | 3 … 0
    1 … 1
```

$12_{(10)}=1100_{(2)}$

따라서 2진수로 나타내면 $1100_{(2)}$이다.

97 정답 $11000_{(2)}$

2	24		
2	12	⋯	0
2	6	⋯	0
2	3	⋯	0
	1	⋯	1

$24_{(10)}=11000_{(2)}$

따라서 2진수로 나타내면 $11000_{(2)}$이다.

98 정답 $11110_{(2)}$

2	30		
2	15	⋯	0
2	7	⋯	1
2	3	⋯	1
	1	⋯	1

$30_{(10)}=11110_{(2)}$

따라서 2진수로 나타내면 $11110_{(2)}$이다.

99 정답 $101110_{(2)}$

2	46		
2	23	⋯	0
2	11	⋯	1
2	5	⋯	1
2	2	⋯	1
	1	⋯	0

$46_{(10)}=101110_{(2)}$

따라서 2진수로 나타내면 $101110_{(2)}$이다.

100 정답 $110111_{(2)}$

2	55		
2	27	⋯	1
2	13	⋯	1
2	6	⋯	1
2	3	⋯	0
	1	⋯	1

$55_{(10)}=110111_{(2)}$

따라서 2진수로 나타내면 $110111_{(2)}$이다.

[101~105]

예제풀이

$1100_{(2)}=1\times2^3+1\times2^2+0\times2^1+0\times2^0=8+4=12$
따라서 10진수로 나타내면 12이다.

101 정답 31

$11111_{(2)}=1\times2^4+1\times2^3+1\times2^2+1\times2^1+1\times2^0=16+8+4+2+1=31$
따라서 10진수로 나타내면 31이다.

102 정답 35

$100011_{(2)}=1\times2^5+0\times2^4+0\times2^3+0\times2^2+1\times2^1+1\times2^0=32+2+1=35$
따라서 10진수로 나타내면 35이다.

103 정답 119

$1110111_{(2)}=1\times2^6+1\times2^5+1\times2^4+0\times2^3+1\times2^2+1\times2^1+1\times2^0=64+32+16+4+2+1=119$
따라서 10진수로 나타내면 119이다.

104 정답 158

$10011110_{(2)}=1\times2^7+0\times2^6+0\times2^5+1\times2^4+1\times2^3+1\times2^2+1\times2^1+0\times2^0=128+16+8+4+2=158$
따라서 10진수로 나타내면 158이다.

105 정답 481

$111100001_{(2)}=1\times2^8+1\times2^7+1\times2^6+1\times2^5+0\times2^4+0\times2^3+0\times2^2+0\times2^1+1\times2^0=256+128+64+32+1=481$
따라서 10진수로 나타내면 481이다.

[106~110]

예제풀이

$17_{(8)}=1\times8^1+7\times8^0=8+7=15$
따라서 10진수로 나타내면 15이다.

106 정답 26

$32_{(8)}=3\times8^1+2\times8^0=24+2=26$
따라서 10진수로 나타내면 26이다.

107 정답 53

$65_{(8)}=6\times8^1+5\times8^0=48+5=53$
따라서 10진수로 나타내면 53이다.

108 정답 64

$100_{(8)}=1\times8^2+0\times8^1+0\times8^0=64$
따라서 10진수로 나타내면 64이다.

109 정답 184

$270_{(8)}=2\times8^2+7\times8^1+0\times8^0=128+56=184$
따라서 10진수로 나타내면 184이다.

110 정답 771

$1403_{(8)}=1\times8^3+4\times8^2+0\times8^1+3\times8^0=512+256+3=771$
따라서 10진수로 나타내면 771이다.

[111~115]

예제풀이

종료 시각이 빠른 순서대로 정렬하면 다음과 같다.

구분	A	E	B	C	D
시작 시각	09:30	11:30	12:00	12:00	13:30
종료 시각	11:00	12:00	13:30	14:30	15:00

따라서 최대로 많은 프로그램에 참여할 수 있는 순서는 A → E → B → D이다.

풀이 꿀팁

프로그램 시간이 겹치는 경우가 있기 때문에 종료 시각을 기준으로 배치하는 것이 핵심이다. 종료 시각이 가장 빠른 프로그램을 배열한 뒤, 다음 선택할 수 있는 프로그램을 찾는 과정을 반복하면 최대한 많은 프로그램에 참여할 수 있다.

111 정답 B → C → E

종료 시각이 빠른 순서대로 정렬하면 다음과 같다.

구분	B	A	C	E	D
시작 시각	10:00	10:00	11:00	13:30	12:00
종료 시각	10:30	11:30	13:30	15:00	15:30

따라서 최대로 많은 프로그램에 참여할 수 있는 순서는 B → C → E이다.

112 정답 A → C → E

종료 시각이 빠른 순서대로 되어 있다.

구분	A	B	C	D	E
시작 시각	08:00	09:00	14:00	15:00	16:30
종료 시각	12:30	14:30	15:30	18:00	18:30

따라서 최대로 많은 프로그램에 참여할 수 있는 순서는 A → C → E이다.

113 정답 A → C → E

종료 시각이 빠른 순서대로 정렬하면 다음과 같다.

구분	A	C	B	D	E
시작 시각	12:00	14:00	12:30	14:30	16:00
종료 시각	14:00	15:00	15:30	16:30	18:00

따라서 최대로 많은 프로그램에 참여할 수 있는 순서는 A → C → E이다.

114 정답 A → C → D

종료 시각이 빠른 순서대로 정렬하면 다음과 같다.

구분	A	C	B	E	D
시작 시각	09:00	12:00	11:30	13:00	15:00
종료 시각	11:30	13:30	15:00	16:00	18:00

따라서 최대로 많은 프로그램에 참여할 수 있는 순서는 A → C → D이다.

115 정답 B → C → E

종료 시각이 빠른 순서대로 정렬하면 다음과 같다.

구분	B	A	C	D	E
시작 시각	10:30	09:00	12:00	13:30	15:00
종료 시각	12:00	13:30	14:00	15:30	18:00

따라서 최대로 많은 프로그램에 참여할 수 있는 순서는 B → C → E이다.

[116~120]

예제풀이

	0열	1열	2열	3열
1행	5	2	25	9
2행	3	7	4	9
3행	1	28	2	7
4행	0	1	3	4
5행	8	9	1	8
계	17	47	35	37
순위	4	1	3	2

116 정답 5번째

	0열	1열	2열	3열	4열	5열
1행	84	84	56	1	6	9
2행	5	3	41	35	64	60
3행	23	1	3	32	13	70
4행	15	3	3	45	3	1
5행	3	2	5	5	6	3
계	130	93	108	118	92	143
순위	2	5	4	3	6	1

117 정답 1번째

	0열	1열	2열	3열	4열	5열	6열
1행	48	78	48	18	16	44	25
2행	68	49	86	78	86	5	4
3행	13	84	86	84	15	58	98
4행	12	65	15	68	35	48	84
5행	58	15	15	15	84	68	10
계	199	291	250	263	236	223	221
순위	7	1	3	2	4	5	6

118 정답 1번째

	0열	1열	2열	3열	4열	5열	6열	7열
1행	15	14	84	15	35	71	72	0
2행	68	87	3	35	84	71	24	0
3행	18	18	18	1	54	8	64	0
4행	87	91	48	1	49	89	48	254
5행	68	78	78	99	6	84	96	8
6행	48	98	97	99	8	15	4	9
계	304	386	328	250	236	338	308	271
순위	5	1	3	7	8	2	4	6

119 정답 0번째

	0열	1열	2열	3열	4열	5열	6열	7열	8열
1행	123	9	15	756	15	1	6	155	498
2행	321	78	68	64	79	1	48	87	74
3행	12	87	13	12	789	4	89	68	86
4행	321	48	58	0	87	48	64	15	7
5행	18	48	15	68	15	13	14	12	18
6행	123	654	16	0	65	654	2	514	83
7행	321	15	820	1	0	123	651	75	67
계	1,239	939	1,005	901	1,050	844	874	926	833
순위	1	4	3	6	2	8	7	5	9

120 정답 2번째

	0열	1열	2열	3열	4열	5열	6열	7열	8열	9열	10열
1행	687	79	687	13	323	543	906	455	87	520	98
2행	657	235	719	138	351	61	638	500	73	863	480
3행	87	874	97	100	75	638	879	33	680	36	183
4행	798	87	721	879	431	519	876	99	974	96	76
5행	74	896	871	67	403	73	54	777	896	688	798
6행	284	548	815	118	41	682	58	888	768	873	60
7행	54	54	98	46	84	35	48	98	48	15	68
8행	67	97	18	98	48	35	15	28	26	21	46
계	2,708	2,870	4,026	1,459	1,756	2,586	3,474	2,878	3,552	3,112	1,809
순위	7	6	1	11	10	8	3	5	2	4	9

[121~125]

예제풀이

x 미만의 수는 기준 음표와 차이나는 만큼 빼고, x 초과의 수는 기준 음표와 차이나는 만큼 더한다.

$-3-2-1+1+2=-3$

121 정답 −32

$-33-30-15-10+1+2+3+50=-32$

122 정답 −426

$-76-75-74-73-72-71+1+2+3+4+5=-426$

123 정답 1,930

$122+213+596+999=1,930$

124 정답 1,277

$-108-105-104-68-47+36+333+630+710=1,277$

125 정답 8,931

$-943-917-828-495-162+36+108+1,146+2,128+4,032+4,826=8,931$

[126~130]

예제풀이

솜사탕의 크기가 0이 되지 않도록 하강 기류를 타고 내려가야 한다. 하강 기류가 4개 있으므로 낙하하는 데 총 40초가 걸려야 하고, 하강 기류 2를 2번 탈 수 있으므로 40초에서 4초를 제외한 36초가 걸린다.

풀이 꿀팁

솜사탕의 크기가 1이 될 수 있는 하강 기류들의 조합을 빠르게 찾는다.

126 정답 61초

하강 기류가 총 7개 있으므로 총 70초가 걸려야 하고, 하강 기류 4, 5를 탈 수 있으므로 $70-9=61$초가 걸린다.

127 정답 73초

하강 기류가 총 8개 있으므로 총 80초가 걸려야 하고, 하강 기류 7을 탈 수 있으므로 $80-7=73$초가 걸린다.

128 정답 168초

하강 기류가 총 17개 있으므로 총 170초가 걸려야 하고, 하강 기류 2를 탈 수 있으므로 $170-2=168$초가 걸린다.

129 정답 203초

하강 기류가 총 21개 있으므로 총 210초가 걸려야 하고, 하강 기류 3, 4를 탈 수 있으므로 $210-7=203$초가 걸린다.

130 정답 887초

하강 기류가 총 89개 있으므로 총 890초가 걸려야 하고, 하강 기류 3을 탈 수 있으므로 $890-3=887$초가 걸린다.

[131~135]

예제풀이

10개의 깃발 중 20%를 태그 했으므로 2개의 깃발을 태그하여 6초가 감면된 180−6=174초가 된다.

131 정답 201초

15개의 깃발 중 20%를 태그 했으므로 3개의 깃발을 태그하여 210−(3×3)=201초가 된다.

132 정답 179초

14개의 깃발 중 50%를 태그 했으므로 7개의 깃발을 태그하여 200−(3×7)=179초가 된다.

133 정답 184초

20개의 깃발 중 10%를 태그 했으므로 2개의 깃발을 태그하여 190−(3×2)=184초가 된다.

134 정답 148초

30개의 깃발 중 30%를 태그 했으므로 9개의 깃발을 태그하여 175−(3×9)=148초가 된다.

135 정답 189초

20개의 깃발 중 90%를 태그 했으므로 18개의 깃발을 태그하여 243−(3×18)=189초가 된다.

CHAPTER

03 완전탐색/DFS/BFS 유형점검

예제풀이

PROGRAM : 16(P)+18(R)+15(O)+7(G)+18(R)+1(A)+13(M)=88점

01 **정답** 56점

CODDING : 3(C)+15(O)+4(D)+4(D)+9(I)+14(N)+7(G)=56점

02 **정답** 81점

KEYBOARD : 11(K)+5(E)+25(Y)+2(B)+15(O)+1(A)+18(R)+4(D)=81점

03 **정답** 90점

RECOMMEND : 18(R)+5(E)+3(C)+15(O)+13(M)+13(M)+5(E)+14(N)+4(D)=90점

04 **정답** 73점

BE CAREFUL! : 2(B)+5(E)+0(공란)+3(C)+1(A)+18(R)+5(E)+6(F)+21(U)+12(L)+0(특수문자)=73점

05 **정답** 139점

I BELIEVE I CAN FLY! : 9(I)+0(공란)+2(B)+5(E)+12(L)+9(I)+5(E)+22(V)+5(E)+0(공란)+9(I)+0(공란)+3(C)+1(A)+14(N)+0(공란)+6(F)+12(L)+25(Y)+0(특수문자)=139점

[6~10]

예제풀이

'빵'을 'ㅃ', 'ㅏ', 'ㅇ'으로 나눈 후 각 대응하는 수를 구하면 18, 1, 8이다.
따라서 18×1,000+1×100+8×10=18,180이다.

06 **정답** 3,200

'닻'을 'ㄷ', 'ㅏ', 'ㅊ'으로 나눈 후 각 대응하는 수를 구하면 3, 1, 10이다.
따라서 3×1,000+1×100+10×10=3,200이다.

07 정답 8,340

'앏'을 'ㅇ', 'ㅏ', 'ㄼ'으로 나눈 후 각 대응하는 수를 구하면 8, 1, 24이다.
따라서 8×1,000+1×100+24×10=8,340이다.

08 정답 11,230

'칡'을 'ㅊ', 'ㅣ', 'ㄺ'으로 나눈 후 각 대응하는 수를 구하면 10, 10, 23이다.
따라서 10×1,000+10×100+23×10=11,230이다.

09 정답 5,700

'몫'을 'ㅁ', 'ㅗ', 'ㄳ'으로 나눈 후 각 대응하는 수를 구하면 5, 5, 20이다.
따라서 5×1,000+5×100+20×10=5,700이다.

10 정답 3,330

'닭'을 'ㄷ', 'ㅏ', 'ㄺ'으로 나눈 후 각 대응하는 수를 구하면 3, 1, 23이다.
따라서 3×1,000+1×100+23×10=3,330이다.

[11~15]

예제풀이

0번째부터 3번째까지 소수는 다음과 같다.
2, 3, 5, 7

11 정답 13

2 3 5 7 11 13

12 정답 31

2 3 5 7 11 13 17 19 23 29 31

13 정답 101

2 3 5 7 11 13 17 19 23 29 31 37 41 43 47 53 59 61 67 71 73 79 83 89 97 101

14 정답 127

2 3 5 7 11 13 17 19 23 29 31 37 41 43 47 53 59 61 67 71 73 79 83 89 97 101 103 107 109 113 127

15 정답 199

2 3 5 7 11 13 17 19 23 29 31 37 41 43 47 53 59 61 67 71 73 79 83 89 97 101 103 107 109 113 127 131 137 139 149 151 157 163 167 173 179 181 191 193 197 199

[16~20]

예제풀이

10까지 박수를 친 수는 3, 6, 9이므로 박수를 친 총횟수는 3회이다.

16 정답 4회

15까지 박수를 친 수는 3, 6, 9, 13이므로 박수를 친 총횟수는 4회이다.

17 정답 7회

25까지 박수를 친 수는 3, 6, 9, 13, 16, 19, 23이므로 박수를 친 총횟수는 7회이다.

18 정답 16회

35까지 박수를 1회 친 수는 3, 6, 9, 13, 16, 19, 23, 26, 29, 30, 31, 32, 34, 35이고, 박수를 2회 친 수는 33이다.
따라서 박수를 친 총횟수는 $14+(2\times1)=16$회이다.

19 정답 23회

44까지 박수를 1회 친 수는 3, 6, 9, 13, 16, 19, 23, 26, 29, 30, 31, 32, 34, 35, 37, 38, 43이고, 박수를 2회 친 수는 33, 36, 39이다.
따라서 박수를 친 총횟수는 $17+(2\times3)=23$회이다.

20 정답 43회

77까지 박수를 1회 친 수는 3, 6, 9, 13, 16, 19, 23, 26, 29, 30, 31, 32, 34, 35, 37, 38, 43, 46 ,49, 53, 56, 59, 60, 61, 62, 64, 65, 67, 68, 73, 76이고, 박수를 2회 친 수는 33, 36, 39, 63, 66, 69이다.
따라서 박수를 친 총횟수는 $31+(2\times6)=43$회이다.

[21~25]

예제풀이

$(X-Y)\div2$의 절댓값은 3이고, 3의 약수는 1, 3이다. 3은 약수에서 제외하므로 1만 이용한다.
따라서 15에 1을 6번 더하거나 21에서 1을 6번 빼면 X와 Y의 수치가 같아진다.

풀이 꿀팁

$(X-Y)\div2$의 절댓값 약수 중 절댓값을 제외한 가장 큰 수를 먼저 계산에 적용한다.

21 정답 4번

(X−Y)÷2의 절댓값은 20이고, 20의 약수는 1, 2, 4, 5, 10, 20이다. 20은 약수에서 제외하므로 1, 2, 4, 5, 10을 이용한다.
따라서 가장 큰 수인 10을 10에 4번 더하거나 50에서 4번 빼면 X와 Y의 수치가 같아진다.

22 정답 34번

(X−Y)÷2의 절댓값은 17이고, 17의 약수는 1, 17이다. 17은 약수에서 제외하므로 1만 이용한다.
따라서 1을 47에 34번 더하거나 81에서 34번 빼면 X와 Y의 수치가 같아진다.

23 정답 6번

(X−Y)÷2의 절댓값은 39이고, 39의 약수는 1, 3, 13, 39이다. 39는 약수에서 제외하므로 1, 3, 13을 이용한다.
따라서 가장 큰 수인 13을 42에 6번 더하거나 120에서 6번 빼면 X와 Y의 수치는 같아진다.

24 정답 6번

(X−Y)÷2의 절댓값은 99이고, 99의 약수는 1, 3, 9, 11, 33, 99이다. 99는 약수에서 제외하므로 1, 3, 9, 11, 33을 이용한다.
따라서 가장 큰 수인 33을 234에 6번 더하거나 432에서 6번 빼면 X와 Y의 수치가 같아진다.

25 정답 4번

(X−Y)÷2의 절댓값은 1,544이고, 1,544의 약수는 1, 2, 4, 8, 193, 386, 772, 1,544이다. 1,544는 약수에서 제외하므로 1, 2, 4, 8, 193, 386, 772를 이용한다.
따라서 가장 큰 수인 772를 1,234에 4번 더하거나 4,322에서 4번 빼면 X와 Y의 수치는 같아지게 된다.

[26~30]

예제풀이

목표물까지 갔다가 다시 복귀하는 소모량까지 계산해야 한다.
100의 산소가 있고 하루에 2%씩 소모하며, 목표물까지 가는 데 10일이 소요되므로 복귀할 때까지 총 20일이 소요된다.
100 → 98 → 96(≒96.04) → 94(≒94.08) → 92(≒92.1) → 90(≒90.1) → 88(≒88.2) → 86(≒86.2) → 84(≒84.2) → 82(≒82.3) → 80(≒80.3) → 78(≒78.4) → 76(≒76.4) → 74(≒74.4) → 73(≒72.5) → 72(≒71.5) → 71(≒70.5) → 70(≒69.5) → 69(≒68.6) → 68(≒67.6) → 67(≒66.6)

26 정답 44

78의 산소가 있고 하루에 2%씩 소모하며, 총 32일 소요된다.
78 → 76(≒76.4) → 74(≒74.4) → 73(≒72.5) → 72(≒71.5) → 71(≒70.5) → 70(≒69.5) → 69(≒68.6) → 68(≒67.6) → 67(≒66.6) → 66(≒65.6) → 65(≒64.6) → 64(≒63.7) → 63(≒62.7) → 62(≒61.7) → 61(≒60.7) → 60(≒59.7) → 59(≒58.8) → 58(≒57.8) → 57(≒56.8) → 56(≒55.8) → 55(≒54.8) → 54(≒53.9) → 53(≒52.9) → 52(≒51.9) → 51(≒50.9) → 50(≒49.9) → 49 → 48(≒48.02) → 47(≒47.04) → 46(≒46.06) → 45(≒45.08) → 44(≒44.1)

27 정답 83

129의 산소가 있고 하루에 3%씩 소모하며, 총 14일 소요된다.

129 → 125(≒125.1) → 121(≒121.2) → 117(≒117.3) → 113(≒113.4) → 110(≒109.6) → 107(≒106.7) → 104(≒103.7) → 101(≒100.8) → 98(≒97.9) → 95(≒95.06) → 92(≒92.1) → 89(≒89.2) → 86(≒86.3) → 83(≒83.4)

28 정답 276

577의 산소가 있고 하루에 4%씩 소모하며, 총 18일 소요된다.

577 → 554(≒553.9) → 532(≒531.8) → 511(≒510.7) → 491(≒490.5) → 471(≒471.3) → 452(≒452.1) → 434(≒433.9) → 417(≒416.6) → 400(≒400.3) → 384 → 369(≒368.6) → 354(≒354.2) → 340(≒339.8) → 326(≒326.4) → 313(≒312.9) → 300(≒300.4) → 288 → 276(≒276.4)

29 정답 254

900의 산소가 있고 하루에 10%씩 소모하며, 총 12일 소요된다.

900 → 810 → 729 → 656(≒656.1) → 590(≒590.4) → 531 → 478(≒477.9) → 430(≒430.2) → 387 → 348(≒348.3) → 313(≒313.2) → 282(≒281.7) → 254(≒253.8)

30 정답 38,579

103,828의 산소가 있고 하루에 6%씩 소모하며, 총 16일 소요된다.

103,828 → 97,598(≒97,598.3) → 91,742(≒91,742.1) → 86,237(≒86,237.4) → 81,063(≒81,062.7) → 76,199(≒76,199.2) → 71,627(≒71,627.06) → 67,329(≒67,329.3) → 63,289(≒63,289.2) → 59,492(≒59,491.6) → 55,922(≒55,922.4) → 52,567(≒52,566.6) → 49,413(≒49,412.9) → 46,448(≒46,448.2) → 43,661(≒43,661.1) → 41,041(≒41,041.3) → 38,579(≒38,578.5)

[31~35]

예제풀이

1분은 60초이므로 120초인 2분 동안 처음 얼음 크기의 20%가 녹는다.

따라서 100×0.2=20이 녹은 수치이다.

31 정답 17

100초 동안 처음 얼음 크기의 $10\times\frac{100}{60}$≒17%가 녹는다.

따라서 100×0.17=17이 녹은 수치이다.

32 정답 6

30초 동안 처음 얼음 크기의 $10\times\frac{30}{60}$=5%가 녹는다.

따라서 120×0.05=6이 녹은 수치이다.

33 정답 12

45초 동안 처음 얼음 크기의 $10\times\frac{45}{60}\fallingdotseq 8\%$가 녹는다.

따라서 $150\times0.08=12$가 녹은 수치이다.

34 정답 3,173

450초 동안 처음 얼음 크기의 $10\times\frac{450}{60}=75\%$가 녹는다.

따라서 $4,230\times0.75\fallingdotseq 3,173$이 녹은 수치이다.

35 정답 6,666

321초 동안 처음 얼음 크기의 $10\times\frac{321}{60}\fallingdotseq 54\%$가 녹는다.

따라서 $12,345\times0.54\fallingdotseq 6,666$이 녹은 수치이다.

[36~40]

예제풀이

종류 \ 무게	1	2	3	4	5	6	7
A	5	5	5	5	5	5	5
B	5	8	13	13	13	13	13
C	5	8	13	13	18	21	26

따라서 구슬 가치의 합의 최댓값은 26이다.

36 정답 30

종류 \ 무게	1	2	3	4	5
A	5	5	5	5	5
B	5	15	20	20	20
C	10	15	25	30	30

따라서 구슬 가치의 합의 최댓값은 30이다.

37 정답 50

종류 \ 무게	1	2	3	4	5	6	7
A	0	0	15	15	15	15	15
B	0	30	30	30	45	45	45
C	0	30	30	30	50	50	50

따라서 구슬 가치의 합의 최댓값은 50이다.

38 정답 50

종류 \ 무게	1	2	3	4	5	6
A	10	10	10	10	10	10
B	10	10	10	30	40	40
C	10	20	30	30	40	50

따라서 구슬 가치의 합의 최댓값은 50이다.

39 정답 40

종류 \ 무게	1	2	3	4	5	6	7	8
A	0	12	12	12	12	12	12	12
B	0	12	15	15	27	27	27	27
C	0	12	15	15	27	27	37	40

따라서 구슬 가치의 합의 최댓값은 40이다.

40 정답 50

종류 \ 무게	1	2	3	4	5	6	7	8	9	10
A	20	20	20	20	20	20	20	20	20	20
B	20	20	20	20	35	35	35	35	35	35
C	20	20	20	20	35	35	35	50	50	50

따라서 구슬 가치의 합의 최댓값은 50이다.

[41~45]

예제풀이

땅 번호 \ 넓이	1	2	3	4	5
1	0	3	3	3	3
2	0	3	4	4	7
3	1	3	4	5	7

따라서 고른 땅들의 가치의 합의 최댓값은 7이다.

41 정답 7

땅 번호 \ 넓이	1	2	3
1	3	3	3
2	3	4	7
3	3	4	7

따라서 고른 땅들의 가치의 합의 최댓값은 7이다.

PART 1 CT 유형학습

42 정답 11

땅 번호 \ 넓이	1	2	3	4	5
1	0	5	5	5	5
2	4	5	9	9	9
3	4	5	9	10	11

따라서 고른 땅들의 가치의 합의 최댓값은 11이다.

43 정답 10

땅 번호 \ 넓이	1	2	3	4	5	6
1	0	0	0	0	0	10
2	0	0	0	5	5	10
3	0	0	0	5	7	10
4	0	0	3	5	7	10

따라서 고른 땅들의 가치의 합의 최댓값은 10이다.

44 정답 12

땅 번호 \ 넓이	1	2	3	4	5	6	7
1	0	5	5	5	5	5	5
2	0	5	7	7	12	12	12
3	0	5	7	7	12	12	12

따라서 고른 땅들의 가치의 합의 최댓값은 12이다.

45 정답 4

땅 번호 \ 넓이	1	2	3	4	5	6	7	8
1	0	0	0	1	1	1	1	1
2	0	0	0	1	3	3	3	3
3	0	0	0	1	3	3	4	4

따라서 고른 땅들의 가치의 합의 최댓값은 4이다.

[46~50]

예제풀이

품목 번호 \ 무게	1	2	3	4	5
1	0	0	800	800	800
2	0	1,000	1,000	1,000	1,800
3	1,200	1,200	2,200	2,200	2,200

따라서 바구니에 담을 수 있는 아이스크림 가격의 합의 최댓값은 2,200원이다.

46 정답 1,300원

품목 번호 \ 무게	1	2	3	4	5
1	300	300	300	300	300
2	300	500	800	800	800
3	300	500	800	1,100	1,300

따라서 바구니에 담을 수 있는 아이스크림 가격의 합의 최댓값은 1,300원이다.

47 정답 1,800원

품목 번호 \ 무게	1	2	3	4	5
1	0	500	500	500	500
2	800	800	1,300	1,300	1,300
3	800	800	1,300	1,800	1,800

따라서 바구니에 담을 수 있는 아이스크림 가격의 합의 최댓값은 1,800원이다.

48 정답 3,500원

품목 번호 \ 무게	1	2	3	4	5
1	0	0	700	700	700
2	0	1,500	1,500	1,500	2,200
3	0	1,500	2,000	2,000	3,500

따라서 바구니에 담을 수 있는 아이스크림 가격의 합의 최댓값은 3,500원이다.

49 정답 2,000원

품목 번호 \ 무게	1	2	3	4	5
1	0	0	1,200	1,200	1,200
2	0	800	1,200	1,200	2,000
3	700	800	1,500	1,900	2,000

따라서 바구니에 담을 수 있는 아이스크림 가격의 합의 최댓값은 2,000원이다.

50 정답 2,000원

품목 번호 \ 무게	1	2	3	4	5
1	800	800	800	800	800
2	800	800	1,200	1,200	1,200
3	800	800	1,200	2,000	2,000

따라서 바구니에 담을 수 있는 아이스크림 가격의 합의 최댓값은 2,000원이다.

[51~55]

예제풀이

너비 우선 탐색(BFS ; Breadth First Search)은 시작 노드를 먼저 탐색한 후 시작 노드에 인접한 노드를 먼저 탐색하는 방법이다. 1을 먼저 탐색한 후 하위 노드인 3, 7, 4를 차례대로 탐색한다. 그 후에 3의 하위 노드인 6을 탐색하고, 7의 하위 노드인 8, 2를 차례대로 탐색하며, 4의 하위 노드인 5를 탐색한다.
따라서 탐색 순서는 1 → 3 → 7 → 4 → 6 → 8 → 2 → 5이다.

51 정답 1 → 4 → 3 → 7 → 2 → 5 → 8 → 6

1을 먼저 탐색한 후 하위 노드인 4, 3, 7을 차례대로 탐색한다. 그 후에 3의 하위 노드인 2, 5를 차례대로 탐색하고, 7의 하위 노드인 8, 6을 차례대로 탐색한다.
따라서 탐색 순서는 1 → 4 → 3 → 7 → 2 → 5 → 8 → 6이다.

52 정답 1 → 2 → 5 → 6 → 4 → 8 → 3 → 7

1을 먼저 탐색한 후 하위 노드인 2, 5, 6을 차례대로 탐색한다. 그 후에 2의 하위 노드인 4, 8을 차례대로 탐색하고, 5의 하위 노드인 3을 탐색하며, 6의 하위 노드인 7을 탐색한다.
따라서 탐색 순서는 1 → 2 → 5 → 6 → 4 → 8 → 3 → 7이다.

53 정답 1 → 4 → 7 → 6 → 5 → 3 → 2 → 8

1을 먼저 탐색한 후 하위 노드인 4, 7, 6을 차례대로 탐색한다. 그 후에 4의 하위 노드인 5를 탐색하고, 7의 하위 노드인 3을 탐색하며, 6의 하위 노드인 2, 8을 차례대로 탐색한다.
따라서 탐색 순서는 1 → 4 → 7 → 6 → 5 → 3 → 2 → 8이다.

54 정답 1 → 6 → 3 → 2 → 4 → 5 → 8 → 7

1을 먼저 탐색한 후 하위 노드인 6, 3, 2를 차례대로 탐색한다. 그 후에 6의 하위 노드인 4, 5를 차례대로 탐색하고, 3의 하위 노드인 8을 탐색하며, 2의 하위 노드인 7을 탐색한다.
따라서 탐색 순서는 1 → 6 → 3 → 2 → 4 → 5 → 8 → 7이다.

55 정답 1 → 3 → 7 → 4 → 2 → 5 → 8 → 6

1을 먼저 탐색한 후 하위 노드인 3, 7, 4, 2를 차례대로 탐색한다. 그 후에 7의 하위 노드인 5를 탐색하고, 4의 하위 노드인 8을 탐색하며, 2의 하위 노드인 6을 탐색한다.
따라서 탐색 순서는 1 → 3 → 7 → 4 → 2 → 5 → 8 → 6이다.

[56~60]

예제풀이

가장 상위 노드인 G를 먼저 탐색한 후 왼쪽에 있는 하위 노드인 A를 탐색한다. A를 탐색한 후 A의 하위 노드 중 왼쪽에 있는 J를 탐색하고 J의 오른쪽에 있는 C를 탐색한다. A의 하위 노드를 모두 탐색했으므로 A의 오른쪽에 있는 H를 탐색한다.
따라서 탐색 순서는 G → A → J → C → H이므로 H는 5번째에서 찾을 수 있다.

56 정답 4번째

가장 상위 노드인 N을 먼저 탐색한 후 가장 왼쪽에 있는 하위 노드인 Y를 탐색한다. Y를 탐색한 후 Y의 하위 노드인 B를 탐색한다. Y의 하위 노드를 모두 탐색했으므로 Y의 오른쪽에 있는 A를 탐색하고, A의 하위 노드가 없으므로 오른쪽에 있는 C를 탐색한다.
따라서 탐색 순서는 N → Y → B → A → C이므로 A는 4번째에서 찾을 수 있다.

57 정답 4번째

가장 상위 노드인 M을 먼저 탐색한 후 하위 노드 중 왼쪽에 있는 Z를 탐색한다. Z를 탐색한 후 Z의 하위 노드 중 가장 왼쪽에 있는 H를 탐색하고 오른쪽에 있는 D와 P를 순서대로 탐색한다. Z의 하위 노드를 모두 탐색했으므로 Z의 오른쪽에 있는 G를 탐색한다.
따라서 탐색 순서는 M → Z → H → D → P → G이므로 D는 4번째에서 찾을 수 있다.

58 정답 5번째

가장 상위 노드인 U를 먼저 탐색한 후 가장 왼쪽에 있는 하위 노드인 B를 탐색한다. B의 하위 노드가 없으므로 오른쪽에 있는 H를 탐색하고 H의 왼쪽 하위 노드인 A와 A의 오른쪽에 있는 E를 탐색한다. H의 하위 노드를 모두 탐색했으므로 H의 오른쪽에 있는 D를 탐색하고 D의 하위 노드인 C를 탐색한다.
따라서 탐색 순서는 U → B → H → A → E → D → C이므로 E는 5번째에서 찾을 수 있다.

59 정답 4번째

가장 상위 노드인 B를 먼저 탐색한 후 하위 노드 중 가장 왼쪽에 있는 Y를 탐색하고 Y의 하위 노드인 D를 탐색한다. Y의 하위 노드를 모두 탐색했으므로 Y의 오른쪽에 있는 C를 탐색하고 C의 하위 노드인 Z를 탐색한다. C의 하위 노드를 모두 탐색했으므로 C의 오른쪽에 있는 I를 탐색하고 I의 하위 노드인 X를 탐색한다.
따라서 탐색 순서는 B → Y → D → C → Z → I → X이므로 C는 4번째에서 찾을 수 있다.

60 정답 8번째

가장 상위 노드인 B를 먼저 탐색한 후 하위 노드 중 가장 왼쪽에 있는 D를 탐색하고 D의 하위 노드인 F를 탐색한다. D의 하위 노드를 모두 탐색했으므로 D의 오른쪽에 있는 C를 탐색하고 C의 하위 노드 중 왼쪽에 있는 Z를 탐색하고 Z의 오른쪽에 있는 Y를 탐색한다. Y의 하위 노드 중 왼쪽에 있는 U를 탐색하고 U의 오른쪽에 있는 X를 탐색한다. Y의 하위 노드를 모두 탐색했고 C의 하위 노드를 모두 탐색했으므로 C의 오른쪽에 있는 Q를 탐색한다. Q의 하위 노드 중 왼쪽에 있는 E를 탐색하고 E의 오른쪽에 있는 W를 탐색한다.
따라서 탐색 순서는 B → D → F → C → Z → Y → U → X → Q → E → W이므로 X는 8번째에서 찾을 수 있다.

[61~65]

예제풀이

경우의 수를 먼저 구한 뒤 백분율을 구한다.

1부터 7까지 적혀 있는 원형의 판이 3개 있으므로 나올 수 있는 경우의 수는 $7\times7\times7=343$이다. 이중에서 7×3만큼 시도할 수 있으므로 $\frac{\frac{1}{343}}{\frac{1}{21}}\times100=\frac{21}{343}\times100\fallingdotseq6.1\%$이다.

61 정답 3.2%

1부터 5까지 적혀 있는 원형의 판이 4개 있으므로 나올 수 있는 경우의 수는 $5^4=625$이다. 이중에서 5×4만큼 시도할 수 있으므로 $\frac{\frac{1}{625}}{\frac{1}{20}}\times100=\frac{20}{625}\times100=3.2\%$이다.

62 정답 2.5%

1부터 3까지 적혀 있는 원형의 판이 6개 있으므로 나올 수 있는 경우의 수는 $3^6=729$이다. 이중에서 3×6만큼 시도할 수 있으므로 $\frac{\frac{1}{729}}{\frac{1}{18}}\times100=\frac{18}{729}\times100\fallingdotseq2.5\%$이다.

63 정답 0.2%

1부터 4까지 적혀 있는 원형의 판이 7개 있으므로 나올 수 있는 경우의 수는 $4^7=16,384$이다. 이중에서 4×7만큼 시도할 수 있으므로 $\frac{\frac{1}{16,384}}{\frac{1}{28}}\times100=\frac{28}{16,384}\times100\fallingdotseq0.2\%$이다.

64 정답 0.1%

1부터 8까지 적혀 있는 원형의 판이 5개 있으므로 나올 수 있는 경우의 수는 $8^5=32,768$이다. 이중에서 8×5만큼 시도할 수 있으므로 $\frac{\frac{1}{32,768}}{\frac{1}{40}}\times100=\frac{40}{32,768}\times100\fallingdotseq0.1\%$이다.

65 정답 0.1%

1부터 2까지 적혀 있는 원형의 판이 15개 있으므로 나올 수 있는 경우의 수는 $2^{15}=32,768$이다. 이중에서 2×15만큼 시도할 수 있으므로 $\frac{\frac{1}{32,768}}{\frac{1}{30}}\times100=\frac{30}{32,768}\times100\fallingdotseq0.1\%$이다.

[66~70]

예제풀이

짐 3개를 전부 엘리베이터에 적재하고 5층으로 올라가서 짐을 내리고, 내려오면서 3층과 1층에서 짐을 내리면 되므로 상승 또는 하강으로 2번 바뀌면 된다.

66 정답 2번

5층으로 옮겨야 할 짐은 5층에서 바로 처리하고, 짐 2개를 엘리베이터에 적재하고 7층으로 올라가서 짐을 내리고, 내려오면서 3층에서 짐을 내리면 되므로 상승 또는 하강으로 2번 바뀌면 된다.

67 정답 1번

1층으로 옮겨야 할 짐은 1층에서 바로 처리하고, 나머지 짐 5개를 적재하고 6층으로 올라가면서 각 층에 내려야 할 짐을 내리면 되므로 상승 또는 하강으로 1번 바뀌면 된다.

68 정답 4번

8층으로 옮겨야 할 짐은 8층에서 바로 처리하고, 9층부터 13층까지 내려야 할 짐을 엘리베이터에 적재하여 올라가면서 각 층에 내려야 할 짐을 내린다. 다시 8층으로 내려와서 7층부터 3층까지 내려야 할 짐을 적재하여 각 층에 내려야 할 짐을 내린다. 다시 8층으로 올라가서 14층과 15층에 내려야 할 짐을 적재하여 각 층에 내려야 할 짐을 내린다. 다시 8층으로 내려와서 2층과 1층에 내려야 할 짐을 적재하여 각 층에 내려야 할 짐을 내리면 되므로 상승 또는 하강으로 4번 바뀌면 된다.

69 정답 4번

8층으로 옮겨야 할 짐은 8층에서 바로 처리하고, 9층에 내려야 할 짐 2개와 10층에 내려야 할 짐 3개를 적재하여 올라가면서 각 층에 내려야 할 짐을 내린다. 다시 8층으로 내려와서 7층에 내려야 할 짐 1개, 6층에 내려야 할 짐 2개, 5층에 내려야 할 짐 1개, 4층에 내려야 할 짐 1개를 적재하여 각 층에 내려야 할 짐을 내린다. 다시 8층으로 올라가서 12층에 내려야 할 짐을 적재하여 12층에 내린다. 다시 8층으로 내려와서 3층에 내려야 할 짐 2개, 2층에 내려야 할 짐 1개, 1층에 내려야 할 짐 2개를 적재하여 각 층에 내려야 할 짐을 내리면 되므로 상승 또는 하강으로 4번 바뀌면 된다.

70 정답 5번

짐을 내려야 할 모든 층보다 짐을 적재하는 층이 높으므로 20층에서 13개의 짐을 총 3번 나누어 적재하여 이동하면 된다.

[71~75]

예제풀이

- A → B → F : 4+10=14km
- A → B → C → F : 4+6+5=15km
- A → B → E → F : 4+9+4=17km
- A → E → F : 13+4=17km
- A → D → E → F : 3+8+4=15km

따라서 출발 지점에서 도착 지점까지의 최소 이동 거리는 A → B → F일 때 14km이다.

PART 1 CT 유형학습

71 정답 9km

- C → B → E : 6+9=15km
- C → B → F → E : 6+10+4=20km
- C → F → B → E ; 5+10+9=24km
- C → B → A → E : 6+4+13=23km
- C → F → E : 5+4=9km
- C → B → A → D → E : 6+4+3+8=21km

따라서 출발 지점에서 도착 지점까지의 최소 이동 거리는 C → F → E일 때 9km이다.

72 정답 7km

- B → A → D : 4+3=7km
- B → E → D : 9+8=17km
- B → F → E → D : 10+4+8=22km
- B → A → E → D : 4+13+8=25km
- B → E → A → D : 9+13+3=25km
- B → C → F → E → D : 6+5+4+8=23km

따라서 출발 지점에서 도착 지점까지의 최소 이동 거리는 B → A → D일 때 7km이다.

73 정답 11km

- A → E : 13km
- A → D → E : 3+8=11km
- A → B → C → F → E : 4+6+5+4=19km
- A → B → E : 4+9=13km
- A → B → F → E : 4+10+4=18km

따라서 출발 지점에서 도착 지점까지의 최소 이동 거리는 A → D → E일 때 11km이다.

74 정답 13km

- C → B → A → D : 6+4+3=13km
- C → B → A → E → D : 6+4+13+8=31km
- C → F → E → D : 5+4+8=17km
- C → F → B → E → D : 5+10+9+8=32km
- C → B → E → D : 6+9+8=23km
- C → B → F → E → D : 6+10+4+8=28km
- C → F → B → A → D : 5+10+4+3=22km

따라서 출발 지점에서 도착 지점까지의 최소 이동 거리는 C → B → A → D일 때 13km이다.

75 정답 20km

A－B 구간을 지나갈 수 없으므로 반드시 E를 지나가야 한다.

- A → E → B → C : 13+9+6=28km
- A → E → B → F → C : 13+9+10+5=37km
- A → D → E → F → C : 3+8+4+5=20km
- A → D → E → B → F → C : 3+8+9+10+5=35km
- A → E → F → C : 13+4+5=22km
- A → E → F → B → C : 13+4+10+6=33km
- A → D → E → B → C : 3+8+9+6=26km

따라서 출발 지점에서 도착 지점까지의 최소 이동 거리는 A → D → E → F → C일 때 20km이다.

[76~80]

예제풀이

- A → F : 1,000m
- A → D → F : 500+900=1,400m
- A → C → D → F : 400+200+900=1,500m
- A → C → D → E → F : 400+200+700+800=2,100m
- A → B → F : 300+600=900m
- A → D → E → F : 500+700+800=2,000m
- A → C → E → F : 400+1,000+800=2,200m
- A → E → F : 1,300+800=2,100m

따라서 출발 지점에서 도착 지점까지 이동 거리가 최소인 경로는 A → B → F이다.

76 정답 B → A → D

- B → A → D : 300+500=800m
- B → F → D : 600+900=1,500m
- B → A → C → D : 300+400+200=900m
- B → F → E → D : 600+800+700=2,100m

따라서 출발 지점에서 도착 지점까지 이동 거리가 최소인 경로는 B → A → D이다.

77 정답 C → D → F

- C → A → F : 400+1,000=1,400m
- C → A → B → F : 400+300+600=1,300m
- C → D → F : 200+900=1,100m
- C → D → E → F : 200+700+800=1,700m
- C → E → F : 1,000+800=1,800m
- C → E → D → F : 1,000+700+900=2,600m

따라서 출발 지점에서 도착 지점까지 이동 거리가 최소인 경로는 C → D → F이다.

78 정답 E → D → C

- E → C : 1,000m
- E → A → C : 1,300+400=1,700m
- E → D → C : 700+200=900m
- E → D → A → C : 700+500+400=1,600m
- E → F → A → C : 800+1,000+400=2,200m
- E → F → D → C : 800+900+200=1,900m
- E → F → B → A → C : 800+600+300+400=2,100m
- E → F → D → A → C : 800+900+500+400=2,600m

따라서 출발 지점에서 도착 지점까지 이동 거리가 최소인 경로는 E → D → C이다.

79 정답 A → D → E

- A → E : 1,300m
- A → C → E : 400+1,000=1,400m
- A → C → D → E : 400+200+700=1,300m
- A → D → E : 500+700=1,200m
- A → D → F → E : 500+900+800=2,200m
- A → B → F → E : 300+600+800=1,700m
- A → F → E : 1,000+800=1,800m

따라서 출발 지점에서 도착 지점까지 이동 거리가 최소인 경로는 A → D → E이다.

80 정답 B → F → E

- B → A → E : 300+1,300=1,600m
- B → F → E : 600+800=1,400m
- B → A → C → E : 300+400+1,000=1,700m
- B → A → D → E : 300+500+700=1,500m
- B → A → F → E : 300+1,000+800=2,100m
- B → F → D → E : 600+900+700=2,200m

따라서 출발 지점에서 도착 지점까지 이동 거리가 최소인 경로는 B → F → E이다.

[81~85]

예제풀이

- A → D → E : 6+4=10
- A → B → D → E : 2+5+4=11
- A → B → C → E : 2+3+11=16
- A → G → E : 12+13=25
- A → B → C → D → E : 2+3+13+4=22
- A → B → C → F → E : 2+3+1+7=13

따라서 출발 지점부터 도착 지점까지 물건을 옮기는 데 필요한 최소 운임 비용은 10이다.

PART 1 CT 유형학습

81 정답 8

• E → C : 11
• E → D → C : 4+13=17
• E → F → C : 7+1=8
• E → D → B → C : 4+5+3=12
• E → D → A → B → C : 4+6+2+3=15
• E → G → A → B → C : 13+12+2+3=30

따라서 출발 지점부터 도착 지점까지 물건을 옮기는 데 필요한 최소 운임 비용은 8이다.

82 정답 9

• F → C → D : 1+13=14
• F → E → D : 7+4=11
• F → C → E → D : 1+11+4=16
• F → C → B → D : 1+3+5=9
• F → C → B → A → D : 1+3+2+6=12

따라서 출발 지점부터 도착 지점까지 물건을 옮기는 데 필요한 최소 운임 비용은 9이다.

83 정답 9

• B → C → E : 3+11=14
• B → C → F → E : 3+1+7=11
• B → D → E : 5+4=9
• B → A → D → E : 2+6+4=12
• B → A → G → E : 2+12+13=27
• B → D → C → E : 5+13+11=29
• B → C → D → E : 3+13+4=20
• B → A → D → C → E : 2+6+13+11=32

따라서 출발 지점부터 도착 지점까지 물건을 옮기는 데 필요한 최소 운임 비용은 9이다.

84 정답 4

• B → C → F : 3+1=4
• B → C → E → F : 3+11+7=21
• B → D → E → F : 5+4+7=16
• B → C → D → E → F : 3+13+4+7=27
• B → A → D → E → F : 2+6+4+7=19
• B → A → G → E → F : 2+12+13+7=34

따라서 출발 지점부터 도착 지점까지 물건을 옮기는 데 필요한 최소 운임 비용은 4이다.

85 정답 17

• G → A → B → C : 12+2+3=17
• G → A → D → C : 12+6+13=31
• G → E → C : 13+11=24
• G → E → D → C : 13+4+13=30
• G → E → F → C : 13+7+1=21
• G → A → D → B → C : 12+6+5+3=26

따라서 출발 지점부터 도착 지점까지 물건을 옮기는 데 필요한 최소 운임 비용은 17이다.

CHAPTER

04 다이나믹 프로그래밍 유형점검

[1~5]

예제풀이

팀	1회	2회	3회	4회	5회	6회	7회	8회	9회	10회	11회	12회	합계
A	10	5	6	3	4	8	3	3	1	4	6	5	58
B	10	8	9	10	5	6	7	8	10	8	10	7	98
C	10	2	4	6	5	8	6	4	8	7	5	8	73

따라서 마지막 회차까지 획득한 점수의 합이 가장 높은 팀은 B이다.

01 정답 C팀

팀	1회	2회	3회	4회	5회	6회	7회	8회	9회	10회	11회	12회	합계
A	3	4	8	3	4	10	2	5	6	7	5	4	61
B	5	6	8	2	5	3	7	4	6	8	7	6	67
C	10	5	6	10	5	10	6	8	8	10	9	7	94

따라서 마지막 회차까지 획득한 점수의 합이 가장 높은 팀은 C이다.

02 정답 B팀

팀	1회	2회	3회	4회	5회	6회	7회	8회	9회	10회	11회	12회	합계
A	5	6	5	10	6	8	4	8	8	7	8	5	80
B	6	8	9	10	5	6	8	8	5	8	7	2	82
C	7	3	4	6	5	5	5	2	10	1	3	10	61

따라서 마지막 회차까지 획득한 점수의 합이 가장 높은 팀은 B이다.

03 정답 C팀

팀	1회	2회	3회	4회	5회	6회	7회	8회	9회	10회	11회	12회	합계
A	7	1	2	3	10	3	9	3	4	5	3	10	60
B	3	7	10	2	3	4	1	3	4	8	2	8	55
C	3	2	4	10	5	3	7	4	10	9	3	4	64

따라서 마지막 회차까지 획득한 점수의 합이 가장 높은 팀은 C이다.

04 정답 C팀

팀	1회	2회	3회	4회	5회	6회	7회	8회	9회	10회	11회	12회	합계
A	4	5	6	1	7	4	2	6	1	3	3	4	46
B	7	6	5	6	2	1	3	5	10	1	2	5	53
C	9	8	3	1	2	10	9	10	3	4	5	9	73

따라서 마지막 회차까지 획득한 점수의 합이 가장 높은 팀은 C이다.

05 정답 A팀

팀	1회	2회	3회	4회	5회	6회	7회	8회	9회	10회	11회	12회	합계
A	6	8	9	3	5	10	4	7	10	3	9	10	84
B	10	3	1	2	7	8	2	5	10	3	2	5	58
C	7	8	3	1	8	4	5	3	4	2	4	5	54

따라서 마지막 회차까지 획득한 점수의 합이 가장 높은 팀은 A이다.

[6~10]

예제풀이

'10 → 5 → 4 → 2 → 1'의 과정을 거치므로 연산 횟수는 4회이다.

06 정답 7회

'65 → 64 → 32 → 16 → 8 → 4 → 2 → 1'의 과정을 거치므로 연산 횟수는 7회이다.

07 정답 4회

'81 → 27 → 9 → 3 → 1'의 과정을 거치므로 연산 횟수는 4회이다.

08 정답 9회

'131 → 130 → 65 → 64 → 32 → 16 → 8 → 4 → 2 → 1'의 과정을 거치므로 연산 횟수는 9회이다.

09 정답 9회

'315 → 105 → 35 → 34 → 17 → 16 → 8 → 4 → 2 → 1'의 과정을 거치므로 연산 횟수는 9회이다.

10 정답 17회

'767 → 766 → 383 → 382 → 191 → 190 → 95 → 94 → 47 → 46 → 23 → 22 → 11 → 10 → 5 → 4 → 2 → 1'의 과정을 거치므로 연산 횟수는 17회이다.

[11~15]

예제풀이

1분은 60초이므로 60을 곱하여 구한다.
$3.5 \times 60 = 210$초이다.

11 정답 732초

$12.2 \times 60 = 732$초이다.

12 정답 9,000초

2.5시간은 $2.5 \times 60 = 150$분이다.
따라서 $150 \times 60 = 9{,}000$초이다.

13 정답 765,180초

$12{,}753 \times 60 = 765{,}180$초이다.

14 정답 181,476초

1일은 24시간이고, $24 \times 60 = 1{,}440$분이다.
따라서 $(2.1 \times 1{,}440 + 0.6) \times 60 = 181{,}476$초이다.

15 정답 790,362초

1주 2일 3시간은 $(1 \times 7 + 2) \times 24 + 3 = 219$시간이다.
따라서 $219 \times 60 = 13{,}140$분이므로 1주 2일 3시간 32.7분은 $(13{,}140 + 32.7) \times 60 = 790{,}362$초이다.

[16~20]

예제풀이

n이 2이므로 각 수가 2번씩 놓여져 도미노를 형성한다.
1 1 2 2 3 3 4 4 5 5 ⋯
이와 같은 배열로 도미노가 형성되고, x인 5가 처음 놓여지는 자리는 9번째 자리이다.

풀이 꿀팁

x가 처음 시작하는 순번을 구하는 공식은 $n \times (x-1) + 1$이다.

16 정답 13번째

1 1 1 2 2 2 3 3 3 4 4 4 5 5 5 ⋯
이와 같은 배열로 도미노가 형성되고, x인 5가 처음 놓여지는 자리는 13번째 자리이다.
$3 \times (5-1) + 1 = 13$

17 정답 5번째

1 1 1 1 2 2 2 2 3 3 3 3 4 4 4 4 5 5 5 5 …

이와 같은 배열로 도미노가 형성되고, x인 2가 처음 놓여지는 자리는 5번째 자리이다.

$4\times(2-1)+1=5$

18 정답 22번째

1 1 1 2 2 2 3 3 3 4 4 4 5 5 5 6 6 6 7 7 7 8 8 8 …

이와 같은 배열로 도미노가 형성되고, x인 8이 처음 놓여지는 자리는 22번째 자리이다.

$3\times(8-1)+1=22$

19 정답 86번째

1 1 1 1 1 2 2 2 2 2 3 3 3 3 3 4 4 4 4 4 5 5 5 5 5 6 6 6 6 6 7 7 7 7 7 … 18 18 18 18 18 …

이와 같은 배열로 도미노가 형성되고, x인 18이 처음 놓여지는 자리는 86번째 자리이다.

$5\times(18-1)+1=86$

20 정답 247번째

1 1 1 1 1 1 2 2 2 2 2 2 3 3 3 3 3 3 4 4 4 4 4 4 5 5 5 5 5 5 … 42 42 42 42 42 42 …

이와 같은 배열로 도미노가 형성되고, x인 42가 처음 놓여지는 자리는 247번째 자리이다.

$6\times(42-1)+1=247$

[21~25]

예제풀이

기차번호는 5 4 3 2 1이다. $5\div2=2.5$에서 반올림하면 3이므로 0번째부터 3번째까지는 $5\sim2$이다.

$5+4+3+2=14$

풀이 꿀팁

1부터 n까지 자연수의 총합 $\frac{n(n+1)}{2}$을 이용할 수 있다. 공식을 사용하거나 직접 더하는 방법 중 더 빨리 풀 수 있는 방법을 선택하면 된다.

21 정답 45

기차번호는 10 9 8 7 6 5 4 3 2 1이다.

$10\div2=5$이므로 0번째부터 5번째까지는 $10\sim5$이다.

$10+9+8+7+6+5=45$

다른풀이

$$\frac{10(10+1)}{2}-\frac{4(4+1)}{2}=55-10=45$$

22 정답 76

기차번호는 13 12 11 10 9 8 7 6 5 4 3 2 1이다.
13÷2=6.5에서 반올림하면 7이므로 0번째부터 7번째까지는 13 ~ 6이다.
13+12+11+10+9+8+7+6=76

다른풀이

$$\frac{13(13+1)}{2}-\frac{5(5+1)}{2}=91-15=76$$

23 정답 165

기차번호는 20 19 18 17 16 15 14 13 12 11 10 9 8 7 6 5 4 3 2 1이다.
20÷2=10이므로 0번째부터 10번째까지는 20 ~ 10이다.
20+19+18+17+16+15+14+13+12+11+10=165

다른풀이

$$\frac{20(20+1)}{2}-\frac{9(9+1)}{2}=210-45=165$$

24 정답 441

기차번호는 33 32 31 30 29 28 27 26 25 24 23 22 21 20 19 18 17 16 15 14 13 12 11 10 9 8 7 6 5 4 3 2 1이다.
33÷2=16.5에서 반올림하면 17이므로 0번째부터 17번째까지는 33 ~ 16이다.
33+32+31+30+29+28+27+26+25+24+23+22+21+20+19+18+17+16=441

다른풀이

$$\frac{33(33+1)}{2}-\frac{15(15+1)}{2}=561-120=441$$

25 정답 1,026

기차번호는 51 50 49 48 47 46 45 44 43 42 41 40 39 38 37 36 35 34 33 32 31 30 29 28 27 26 25 ··· 1이다.
51÷2=25.5에서 반올림하면 26이므로 0번째부터 26번째까지는 51 ~ 25이다.
51+50+49+48+ ··· 30+29+28+27+26+25=1,026

다른풀이

$$\frac{51(51+1)}{2}-\frac{24(24+1)}{2}=1,326-300=1,026$$

[26~30]

예제풀이

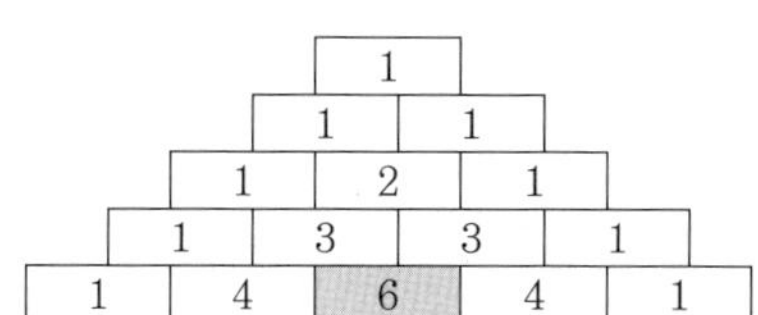

PART 1 CT 유형학습

26 정답 1

1
1 1
1 2 1
1 3 3 1
1 4 6 4 1
1 5 10 10 5 1

27 정답 20

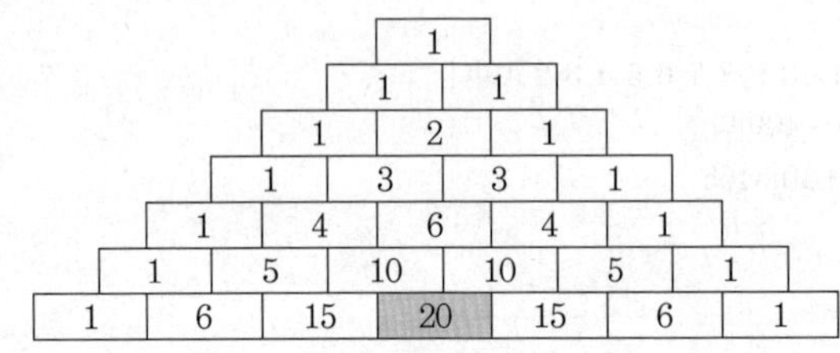

28 정답 21

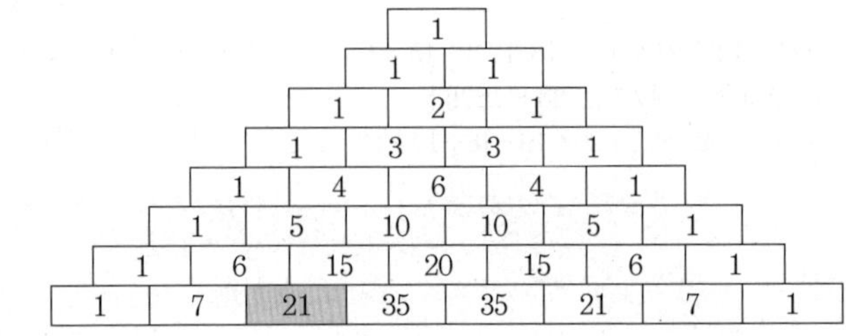

29 정답 56

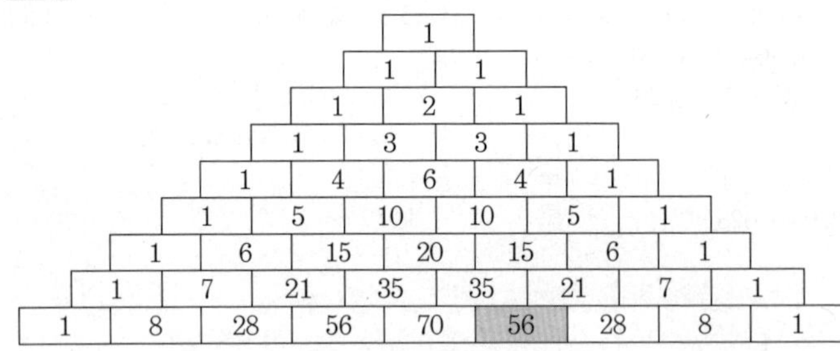

30 정답 210

1										
1	1									
1	2	1								
1	3	3	1							
1	4	6	4	1						
1	5	10	10	5	1					
1	6	15	20	15	6	1				
1	7	21	35	35	21	7	1			
1	8	28	56	70	56	28	8	1		
1	9	36	84	126	126	84	36	9	1	
1	10	45	120	210	252	210	120	45	10	1

[31~35]

예제풀이

짝수 번째 배열의 일반항 : $100-\left(\frac{n}{2}-1\right)^2 (n \geq 0)$

홀수 번째 배열의 일반항 : $195+5\left(\frac{n+1}{2}\right)(n \geq 0)$

12는 짝수이므로 $100-\left(\frac{12}{2}-1\right)^2=75$이다.

31 정답 225

11은 홀수이므로 $195+5\left(\frac{11+1}{2}\right)=225$이다.

32 정답 −300

42는 짝수이므로 $100-\left(\frac{42}{2}-1\right)^2=-300$이다.

33 정답 450

101은 홀수이므로 $195+5\left(\frac{101+1}{2}\right)=450$

34 정답 −7,125

172는 짝수이므로 $100-\left(\frac{172}{2}-1\right)^2=-7,125$이다.

35 정답 6,160

2,385는 홀수이므로 $195+5\left(\frac{2,385+1}{2}\right)=6,160$이다.

[36~40]

예제풀이

10번째 값을 구한다.

$1+10\times1=11$

풀이 꿀팁

등차수열의 일반항 : $a+nd$(a : 초항, d : 공차, $n\geq0$)

등비수열의 일반항 : ar^n(a : 초항, r : 공비, $n\geq0$)

36 정답 41

$1+20\times2=41$

37 정답 97

$1+32\times3=97$

38 정답 152

$2+75\times2=152$

39 정답 −929

$100+147\times(-7)=-929$

40 정답 8,192

$2\times2^{12}=2^{13}$

[41~45]

예제풀이

$(n+1)$번째 항은 n번째 항에 2^n을 더한 값이다. $(n+1)$번째 항을 a_{n+1}이라 할 때,

$a_{n+1}-a_n=2^n$이므로 $a_{n+1}=a_1+2\times(2^n-1)=2^{n+1}+1$이다.

따라서 $a_n=2^n+1$이므로 $n=9$일 때 $2^9+1=512+1=513$이다.

41 정답 2,049

$a_n=2^n+1$이므로 $n=11$일 때 2^{11}일 때 $2^{11}+1=2,048+1=2,049$이다.

42 정답 8,193

$a_n=2^n+1$이므로 $n=13$일 때 2^{13}일 때 $2^{13}+1=8,192+1=8,193$이다.

43 정답 32,769

$a_n = 2^n + 1$이므로 $n=15$일 때 2^{15}일 때 $2^{15}+1=32,768+1=32,769$이다.

44 정답 131,073

$a_n = 2^n + 1$이므로 $n=17$일 때 2^{17}일 때 $2^{17}+1=131,072+1=131,073$이다.

45 정답 524,289

$a_n = 2^n + 1$이므로 $n=19$일 때 2^{19}일 때 $2^{19}+1=524,288+1=524,289$이다.

[46~50]

예제풀이

13	12	11	10
14	3	2	9
15	4	1	8
	5	6	7

46 정답 상

13	12	11	10	
14	3	2	9	
15	4	1	8	23
16	5	6	7	22
17	18	19	20	21

47 정답 하

31	30	29	28	27	26
32	13	12	11	10	25
33	14	3	2	9	24
34	15	4	1	8	23
35	16	5	6	7	22
	17	18	19	20	21

PART 1 CT 유형학습

48 정답 상

31	30	29	28	27	26	
32	13	12	11	10	25	
33	14	3	2	9	24	
34	15	4	1	8	23	
35	16	5	6	7	22	45
36	17	18	19	20	21	44
37	38	39	40	41	42	43

49 정답 우

57	56	55	54	53	52	51	50
58	31	30	29	28	27	26	49
59	32	13	12	11	10	25	48
60	33	14	3	2	9	24	47
61	34	15	4	1	8	23	46
62	35	16	5	6	7	22	45
63	36	17	18	19	20	21	44
64	37	38	39	40	41	42	43
65	66	67	68				

50 정답 좌

					85	84	83	82
57	56	55	54	53	52	51	50	81
58	31	30	29	28	27	26	49	80
59	32	13	12	11	10	25	48	79
60	33	14	3	2	9	24	47	78
61	34	15	4	1	8	23	46	77
62	35	16	5	6	7	22	45	76
63	36	17	18	19	20	21	44	75
64	37	38	39	40	41	42	43	74
65	66	67	68	69	70	71	72	73

[51~55]

예제풀이

함정 칸에 5번 도착하였으므로 잃은 점수의 합은 2+4+6+8+10=30점이다. 30점을 잃어 0점 이하가 되려면 30점을 얻어야 하므로 30점을 얻기 위해서는 3회 완주하여야 한다.

51 정답 2회

함정 칸에 4번 도착하였으므로 잃은 점수의 합은 2+4+6+8=20점이다. 20점을 잃어 0점 이하가 되려면 20점을 얻어야 하므로 20점을 얻기 위해서는 2회 완주하여야 한다.

52 정답 4회

함정 칸에 6번 도착하였으므로 잃은 점수의 합은 2+4+6+8+10+12=42점이다. 42점을 잃어 0점 이하가 되려면 40점을 얻어야 하므로 40점을 얻기 위해서는 4회 완주하여야 한다.

53 정답 7회

함정 칸에 8번 도착하였으므로 잃은 점수의 합은 2+4+6+8+10+12+14+16=72점이다. 72점을 잃어 0점 이하가 되려면 70점을 얻어야 하므로 70점을 얻기 위해서는 7회 완주하여야 한다.

54 정답 11회

함정 칸에 10번 도착하였으므로 잃은 점수의 합은 2+4+6+8+10+12+14+16+18+20=110점이다. 110점을 잃어 0점 이하가 되려면 110점을 얻어야 하므로 110점을 얻기 위해서는 11회 완주하여야 한다.

55 정답 15회

함정 칸에 12번 도착하였으므로 잃은 점수의 합은 $2+4+6+8+10+12+14+16+18+20+22+24=156$이다. 156점을 잃어 0점 이하가 되려면 150점을 얻어야 하므로 150점을 얻기 위해서는 15회 완주하여야 한다.

[56~60]

예제풀이

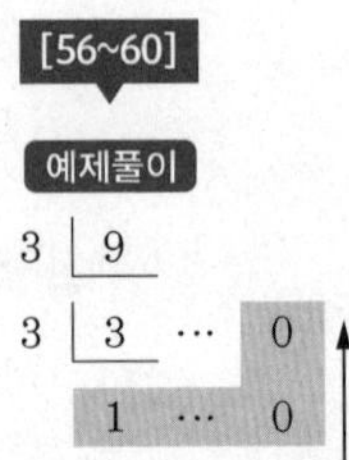

9를 3진수로 표현하면 $100_{(3)}$이다.

따라서 9는 $100_{(3)}=3^2$ 1개의 3의 거듭제곱 숫자로 표현된다.

56 정답 2개

3 | 36
3 | 12 … 0
3 | 4 … 0
1 … 1

36을 3진수로 표현하면 $1100_{(3)}$이다.

따라서 36은 $1000_{(3)}=3^3$, $100_{(3)}=3^2$ 총 2개의 3의 거듭제곱 숫자로 표현된다.

57 정답 0개

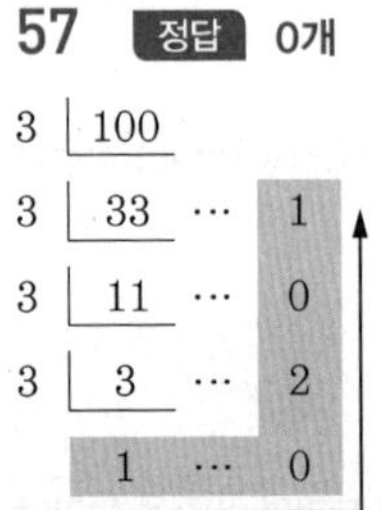

100을 3진수로 표현하면 $10201_{(3)}$이다.

따라서 100은 2개의 $100_{(3)}=3^2$이 사용되므로 중복 없이 3의 거듭제곱 숫자들의 합으로 표현할 수 없다.

58 정답 4개

3	120		
3	40	…	0
3	13	…	1
3	4	…	1
	1	…	1

120을 3진수로 표현하면 $11110_{(3)}$이다.

따라서 120은 $10000_{(3)}=3^4$, $1000_{(3)}=3^3$, $100_{(3)}=3^2$, $10_{(3)}=3^1$ 총 4개의 3의 거듭제곱 숫자로 표현된다.

59 정답 2개

3	252		
3	84	…	0
3	28	…	0
3	9	…	1
3	3	…	0
	1	…	0

252를 3진수로 표현하면 $100100_{(3)}$이다.

따라서 252는 $100000_{(3)}=3^5$, $100_{(3)}=3^2$ 총 2개의 3의 거듭제곱 숫자로 표현된다.

60 정답 4개

3	280		
3	93	…	1
3	31	…	0
3	10	…	1
3	3	…	1
	1	…	0

280을 3진수로 표현하면 $101101_{(3)}$이다.

따라서 280은 $100000_{(3)}=3^5$, $1000_{(3)}=3^3$, $100_{(3)}=3^2$, $1=3^0$ 총 4개의 3의 거듭제곱 숫자로 표현된다.

CHAPTER

05 그리디 유형점검

[1~5]

예제풀이

$21=(8\times2)+(5\times1)$이므로 필요한 페인트 통은 모두 $2+1=3$통이다.

01 정답 5통

$28=(8\times1)+(5\times4)$이므로 필요한 페인트 통은 모두 $1+4=5$통이다.

02 정답 7통

$41=(8\times2)+(5\times5)$이므로 필요한 페인트 통은 모두 $2+5=7$통이다.

03 정답 9통

$54=(8\times3)+(5\times6)$이므로 필요한 페인트 통은 모두 $3+6=9$통이다.

04 정답 9통

$63=(8\times6)+(5\times3)$이므로 필요한 페인트 통은 모두 $6+3=9$통이다.

05 정답 15통

$99=(8\times8)+(5\times7)$이므로 필요한 페인트 통은 모두 $8+7=15$통이다.

[6~10]

예제풀이

$127=(7\times17)+(4\times2)$이므로 밭을 분양받은 가구 수는 모두 $17+2=19$가구이다.

06 정답 70가구

$484=(7\times68)+(4\times2)$이므로 밭을 분양받은 가구 수는 모두 $68+2=70$가구이다.

07 정답 76가구

517=(7×71)+(4×5)이므로 밭을 분양받은 가구 수는 모두 71+5=76가구이다.

08 정답 100가구

682=(7×94)+(4×6)이므로 밭을 분양받은 가구 수는 모두 94+6=100가구이다.

09 정답 111가구

765=(7×107)+(4×4)이므로 밭을 분양받은 가구 수는 모두 107+4=111가구이다.

10 정답 127가구

871=(7×121)+(4×6)이므로 밭을 분양받은 가구 수는 모두 121+6=127가구이다.

[11~15]

예제풀이

4,300=(1,000×4)+(100×3)이므로 지불한 상품권 수는 모두 4+3=7장이다.

11 정답 8장

5,700=(1,000×5)+(500×1)+(100×2)이므로 지불한 상품권 수는 모두 5+1+2=8장이다.

12 정답 10장

8,600=(1,000×8)+(500×1)+(100×1)이므로 지불한 상품권 수는 모두 8+1+1=10장이다.

13 정답 14장

9,900=(1,000×9)+(500×1)+(100×4)이므로 지불한 상품권 수는 모두 9+1+4=14장이다.

14 정답 13장

12,500=(1,000×12)+(500×1)이므로 지불한 상품권 수는 모두 12+1=13장이다.

15 정답 21장

17,400=(1,000×17)+(100×4)이므로 지불한 상품권 수는 모두 17+4=21장이다.

[16~20]

예제풀이

문자열을 하나 또는 연속적인 문자로 이루어지도록 구간을 나누면 해당 문자열의 구간은 A, B, AA, BB, AA, C, A로 총 7개이다. 이때 A의 구간이 4개로 가장 많으므로 B, BB, C 구간을 수정한다.

풀이 꿀팁

해당 문제는 주어진 문자열의 구간을 파악하는 것이 핵심이다. 문제에서는 연속적인 문자들을 한 번에 수정할 수 있으므로 수정할 구간을 정확하게 찾아야만 문제를 해결할 수 있다. 또한 현재 A, B, C 세 문자가 문자열에 존재하기 때문에 각 문자에 속하는 구간이 몇 개인지 파악하고, 가장 구간의 개수가 많은 문자로 이루어진 구간을 제외하고 수정하여야 한다.

16 정답 2회

구간은 AAA, BB, AA, CC, A로 총 5개이다. 이때 A의 구간이 3개로 가장 많으므로 BB, CC 구간을 수정한다.

17 정답 2회

구간은 BB, AA, BB, CC, BB로 총 5개이다. 이때 B의 구간이 3개로 가장 많으므로 AA, CC 구간을 수정한다.

18 정답 2회

구간은 AA, BB, AAA, CC, A로 총 5개이다. 이때 A의 구간이 3개로 가장 많으므로 BB, CC 구간을 수정한다.

19 정답 3회

구간은 A, CC, A, B, AAA, C, A로 총 7개이다. 이때 A의 구간이 4개로 가장 많으므로 CC, B, C 구간을 수정한다.

20 정답 2회

구간은 BBB, A, B, C, BBBB로 총 5개이다. 이때 B의 구간이 3개로 가장 많으므로 A, C 구간을 수정한다.

[21~25]

예제풀이

높이가 2인 산은 양쪽 산과의 거리가 각각 2, 4이므로 높이가 2인 산을 제외하고 등산하면 된다.
따라서 높이가 4, 6, 7인 산을 등산하면 4−2+6−1+7=14점을 얻을 수 있다.

풀이 꿀팁

높이차가 크지 않은 산끼리 묶어 보는 것이 문제의 핵심이며, 양쪽 산과의 거리가 등산한 산의 높이보다 크거나 같다면 오르지 않는 것이 좋다. 또한 산들의 높이차가 크다면 높은 산들을 오르는 것이 좋지만, 높이차가 크지 않고 낮은 산들이 많다면 낮은 산을 여러 번 오르는 것이 점수를 많이 얻는 방법이다.

21 정답 10점

높이가 1인 산을 제외하고 등산하면 된다.
따라서 높이가 5, 7인 산을 등산하면 5−2+7=10점을 얻을 수 있다.

22 정답 24점

높이가 10인 산을 제외하고 등산하면 된다.
따라서 높이가 4인 산을 모두 등산하면 4×6=24점을 얻을 수 있다.

23 정답 35점

높이가 8, 9, 10, 15인 산과 높이가 1, 2, 3인 산으로 나누어 높이가 높은 산들만 등산하면 된다.
따라서 높이가 8, 9, 10, 15인 산을 등산하면 8−1+9−1+10−5+15=35점을 얻을 수 있다.

24 정답 72점

산들의 높이차가 크므로 높이가 36, 45인 산을 등산하면 된다.
따라서 36−9+45=72점을 얻을 수 있다.

25 정답 105점

산들의 높이차가 크므로 높이가 45, 35, 78인 산을 등산하면 된다.
따라서 45−10+35−43+78=105점을 얻을 수 있다.

[26~30]

예제풀이

다리의 길이를 오름차순으로 정리하고, 각 다리가 순환 구조를 이루지 않도록 고르면 다음과 같다.

구분	B−D	A−E	C−F	D−E	A−B	D−F	C−D
길이(km)	2	3	4	4	8	6	9

따라서 건설해야 할 다리 길이의 합의 최솟값은 2+3+4+4+6=19km이다.

26 정답 20km

구분	A−D	E−F	B−C	C−F	A−B	B−F	A−C
길이(km)	3	3	4	4	6	8	13

따라서 건설해야 할 다리 길이의 합의 최솟값은 3+3+4+4+6=20km이다.

27 정답 19km

구분	E−F	A−B	A−D	B−C	B−D	C−F	A−C
길이(km)	2	3	3	4	5	7	13

따라서 건설해야 할 다리 길이의 합의 최솟값은 2+3+3+4+7=19km이다.

28 정답 21km

구분	A-B	A-D	E-F	A-C	B-D	B-F	C-F
길이(km)	3	3	3	4	4	8	11

따라서 건설해야 할 다리 길이의 합의 최솟값은 3+3+3+4+8=21km이다.

29 정답 17km

구분	B-E	A-B	A-D	A-C	B-F	E-F	C-F
길이(km)	2	3	3	4	5	5	13

따라서 건설해야 할 다리 길이의 합의 최솟값은 2+3+3+4+5=17km이다.

30 정답 17km

구분	B-D	A-D	B-E	C-E	B-C	C-F	E-F
길이(km)	2	3	3	4	5	5	9

따라서 건설해야 할 다리 길이의 합의 최솟값은 2+3+3+4+5=17km이다.

[31~35]

예제풀이

철로의 설치비용을 오름차순으로 정리하고, 각 철로가 순환 구조를 이루지 않도록 고르면 다음과 같다.

구분	A-D	A-B	C-G	D-E	F-G	A-E	C-F	B-C
비용	2	3	3	4	4	7	8	10

따라서 철로 설치비용의 합의 최솟값은 2+3+3+4+4+10=26이다.

31 정답 23

구분	B-E	D-E	A-B	B-C	E-F	C-F	B-F
비용	1	4	5	6	7	8	9

따라서 철로 설치비용의 합의 최솟값은 1+4+5+6+7=23이다.

32 정답 21

구분	A-D	A-E	D-E	A-B	B-C	E-F	B-E	C-E
비용	1	3	4	5	6	6	8	10

따라서 철로 설치비용의 합의 최솟값은 1+3+5+6+6=21이다.

33 정답 19

구분	E-F	C-D	A-D	B-F	D-F	A-B	D-E	A-F	C-E
비용	1	3	4	5	6	7	8	10	11

따라서 철로 설치비용의 합의 최솟값은 1+3+4+5+6=19이다.

34 정답 20

구분	C－F	B－C	A－B	A－D	B－D	E－F	D－E	C－E	C－D
비용	1	2	4	6	7	7	8	9	10

따라서 철로 설치비용의 합의 최솟값은 1+2+4+6+7=20이다.

35 정답 22

구분	A－B	C－F	B－C	B－E	D－E	B－F	E－F	A－F
비용	1	4	5	5	7	10	10	12

따라서 철로 설치비용의 합의 최솟값은 1+4+5+5+7=22이다.

[36~40]

예제풀이

최소한으로 카드를 제거하며 정렬된 상태를 유지하면 된다.

• 1회 : 4 제거 → 1 5 9 7 10 14
• 2회 : 9 또는 7 제거 → 1 5 7 10 14 또는 1 5 9 10 14

36 정답 1회

1과 5만 남으면 되므로 8만 제거하면 된다.

• 1회 : (8 1 5) → (1 5)

37 정답 3회

8과 101 또는 102, 45만 제거하면 된다.

• 1회 : (3 25 56 57 8 96 102 101 111 45 120) → (3 25 56 57 96 102 101 111 45 120)
• 2회 : (3 25 56 57 96 102 101 111 45 120) → (3 25 56 57 96 102 111 45 120) 또는 (3 25 56 57 96 101 111 45 120)
• 3회 : (3 25 56 57 96 102 111 45 120) → (3 25 56 57 96 102 111 120)

38 정답 7회

전부 역배열이므로 숫자 하나 외에 전부 제거하여 카드를 제거하는 횟수는 7회이다.

39 정답 4회

1부터 5까지는 정렬이 되어 있으므로 7, 6, 4, 3만 제거하면 된다.

• 1회 : (7 6 4 3 1 2 3 4 5) → (6 4 3 1 2 3 4 5)
• 2회 : (6 4 3 1 2 3 4 5) → (4 3 1 2 3 4 5)
• 3회 : (4 3 1 2 3 4 5) → (3 1 2 3 4 5)
• 4회 : (3 1 2 3 4 5) → (1 2 3 4 5)

40 정답 9회

- 1회 : (5 87 3 65 1 45 3 90 9 48 2 61 7 19) → (87 3 65 1 45 3 90 9 48 2 61 7 19)
- 2회 : (87 3 65 1 45 3 90 9 48 2 61 7 19) → (3 65 1 45 3 90 9 48 2 61 7 19)
- 3회 : (3 65 1 45 3 90 9 48 2 61 7 19) → (65 1 45 3 90 9 48 2 61 7 19)
- 4회 : (65 1 45 3 90 9 48 2 61 7 19) → (1 45 3 90 9 48 2 61 7 19)
- 5회 : (1 45 3 90 9 48 2 61 7 19) → (1 3 90 9 48 2 61 7 19)
- 6회 : (1 3 90 9 48 2 61 7 19) → (1 3 9 48 2 61 7 19)
- 7회 : (1 3 9 48 2 61 7 19) → (1 3 9 48 61 7 19)
- 8회 : (1 3 9 48 61 7 19) → (1 3 9 48 61 19)
- 9회 : (1 3 9 48 61 19) → (1 3 9 48 61)

[41~45]

예제풀이

각 배가 순서대로 통과하면 다음과 같다.
1일 : (통과, 3, 2)
2일 : (통과, 통과, 1)
3일 : (통과, 통과, 통과)
따라서 해협을 통과할 수 있는 배는 총 3척이다.

41 정답 3척

1일 : (통과, 1, 2)
2일 : (통과, 통과, 1)
3일 : (통과, 통과, 통과)
따라서 해협을 통과할 수 있는 배는 총 3척이다.

42 정답 4척

1일 : (통과, 1, 4, 제외, 4, 1)
2일 : (통과, 통과, 3, 제외, 3, 제외)
3일 : (통과, 통과, 통과, 제외, 2, 제외)
4일 : (통과, 통과, 통과, 제외, 통과, 제외)
따라서 해협을 통과할 수 있는 배는 총 4척이다.
참고로 5번째 연료량이 5인 배를 3번째로 이동시켜도 해협을 통과할 수 있는 배는 총 4척이다.

43 정답 5척

연료량이 4인 배 한 척을 연료량인 5인 배들의 앞으로 이동시키면 '3 3 3 5 5 4'의 배열이 된다.
1일 : (통과, 2, 2, 4, 4, 3)
2일 : (통과, 통과, 1, 3, 3, 2)
3일 : (통과, 통과, 통과, 2, 2, 1)
4일 : (통과, 통과, 통과, 통과, 1, 제외)
5일 : (통과, 통과, 통과, 통과, 통과, 제외)
따라서 해협을 통과할 수 있는 배는 총 5척이다.
참고로 연료량이 4인 배 두 척 모두를 연료량이 5인 배들의 앞으로 이동시켜도 해협을 통과할 수 있는 배는 총 5척이다.

44 정답 7척

'5 6 4 3 2'를 앞으로 보내 순서대로 다시 배열하면 '1 2 3 4 5 7 8'의 배열이 된다.
1일 : (통과, 1, 2, 3, 4, 6, 7)
2일 : (통과, 통과, 1, 2, 3, 5, 6)
3일 : (통과, 통과, 통과, 1, 2, 4, 5)
4일 : (통과, 통과, 통과, 통과, 1, 3, 4)
5일 : (통과, 통과, 통과, 통과, 통과, 2, 3)
6일 : (통과, 통과, 통과, 통과, 통과, 통과, 2)
7일 : (통과, 통과, 통과, 통과, 통과, 통과, 통과)
따라서 해협을 통과할 수 있는 배는 총 7척이다.

45 정답 7척

'4 2 3'을 앞으로 보내 순서대로 다시 배열하면 '1 2 3 4 8 6 4 9'의 배열이 된다.
1일 : (통과, 1, 2, 3, 7, 5, 3, 8)
2일 : (통과, 통과, 1, 2, 6, 4, 2, 7)
3일 : (통과, 통과, 통과, 1, 5, 3, 1, 6)
4일 : (통과, 통과, 통과, 통과, 4, 2, 제외, 5)
5일 : (통과, 통과, 통과, 통과, 통과, 1, 제외, 4)
6일 : (통과, 통과, 통과, 통과, 통과, 통과, 제외, 3)
7일 : (통과, 통과, 통과, 통과, 통과, 통과, 제외, 통과)
따라서 해협을 통과할 수 있는 배는 총 7척이다.

PART 1 CT 유형학습

[46~50]

예제풀이

수치가 5인 쥐를 맨 오른쪽으로 옮기면 6이 되고, 배열은 4 7 6이 되어 수치가 4인 고양이가 쥐를 차례로 잡을 수 있다.

46 정답 1 2 3 4

배열의 변화가 없다.

47 정답 2 1 5 5 4

수치가 2인 고양이가 수치가 2인 쥐를 잡도록 수치가 4, 4, 3인 쥐를 뒤로 보낸다.
<u>4 4 3</u> 2 1 → 2 1 5 5 4

48 정답 5 1 10 9 8

수치가 5인 고양이가 수치가 5인 쥐를 잡도록 수치가 9, 8, 7인 쥐를 뒤로 보낸다.
<u>9 8 7</u> 5 1 → 5 1 10 9 8

49 정답 4 3 7 9 2 10

수치가 8인 쥐를 맨 뒤로 보낸 뒤 수치가 1인 쥐부터 잡으면 모든 쥐를 연달아 잡을 수 없으므로 수치가 4인 쥐부터 모든 쥐를 연달아 잡을 수 있도록 수치가 8, 1, 9인 쥐를 뒤로 보낸다.
<u>8 1 9</u> 4 3 7 → 4 3 7 9 2 10

50 정답 2 3 6 9 8 1 5 15 9

고양이의 수치보다 큰 수치를 가지는 수치가 14와 8인 쥐를 뒤로 보낸다.

14 8 2 3 6 9 8 1 5 → 2 3 6 9 8 1 5 15 9

[51~55]

예제풀이

전체 승객 수의 평균은 3이므로 한 번에 3명까지 태울 수 있다. 1은 한 번에 태우고, 5와 4는 나눠서 두 번씩, 2는 한 번에 태우면 된다.

51 정답 6대

전체 승객 수의 평균은 4.5이므로 한 번에 4명까지 태울 수 있다. 3, 4는 각각 한 번씩, 5와 6은 나눠서 두 번씩 태우면 된다.

52 정답 5대

전체 승객 수의 평균은 4이므로 한 번에 4명까지 태울 수 있다. 8은 나눠서 두 번, 4, 3, 1은 각각 한 번씩 태우면 된다.

53 정답 9대

전체 승객 수의 평균은 약 5.3이므로 5명까지 태울 수 있다. 9는 나눠서 두 번, 5는 한 번, 8은 나눠서 두 번, 2는 한 번, 7은 나눠서 두 번, 1은 한 번에 태우면 된다.

54 정답 12대

전체 승객 수의 평균은 약 11.7이므로 11명까지 태울 수 있다. 11보다 작은 2와 3은 한 번씩 태우고 나머지 승객들은 나눠서 두 번씩 태우면 된다.

55 정답 15대

전체 승객 수의 평균은 약 13.3이므로 13명까지 태울 수 있다. 13보다 작은 2, 8, 4, 6, 7, 3은 한 번씩 태우고 15는 나눠서 두 번, 43은 나눠서 네 번, 32는 나눠서 세 번 태우면 된다.

[56~60]

예제풀이

구분	1	2	3	4	5	6	7	8
폐기물 양	10	8	9	8	8	10	7	6
트럭 수	3	2	3	2	2	3	2	2
실을 수 있는 폐기물 양	4×3=12	4×2=8	4×3=12	4×2=8	4×2=8	4×3=12	4×2=8	4×2=8

따라서 트럭은 3+2+3+2+2+3+2+2=19대 필요하다.

56 정답 21대

구분	1	2	3	4	5	6	7	8
폐기물 양	13	11	9	7	10	11	12	11
트럭 수	3	3	2	2	2	3	3	3
실을 수 있는 폐기물 양	5×3=15	5×3=15	5×2=10	5×2=10	5×2=10	5×3=15	5×3=15	5×3=15

따라서 트럭은 3+3+2+2+2+3+3+3=21대 필요하다.

57 정답 22대

구분	1	2	3	4	5	6	7	8
폐기물 양	18	16	15	18	17	17	19	18
트럭 수	3	2	2	3	3	3	3	3
실을 수 있는 폐기물 양	8×3=24	8×2=16	8×2=16	8×3=24	8×3=24	8×3=24	8×3=24	8×3=24

따라서 트럭은 3+2+2+3+3+3+3+3=22대 필요하다.

58 정답 46대

구분	1	2	3	4	5	6	7	8
폐기물 양	17	15	16	14	14	17	19	17
트럭 수	6	5	6	5	5	6	7	6
실을 수 있는 폐기물 양	3×6=18	3×5=15	3×6=18	3×5=15	3×5=15	3×6=18	3×7=21	3×6=18

따라서 트럭은 6+5+6+5+5+6+7+6=46대 필요하다.

59 정답 19대

구분	1	2	3	4	5	6	7	8
폐기물 양	12	10	11	13	11	13	12	13
트럭 수	2	2	2	3	2	3	2	3
실을 수 있는 폐기물 양	6×2=12	6×2=12	6×2=12	6×3=18	6×2=12	6×3=18	6×2=12	6×3=18

따라서 트럭은 2+2+2+3+2+3+2+3=19대 필요하다.

60 정답 28대

구분	1	2	3	4	5	6	7	8
폐기물 양	22	20	22	21	23	20	22	21
트럭 수	4	3	4	3	4	3	4	3
실을 수 있는 폐기물 양	7×4=28	7×3=21	7×4=28	7×3=21	7×4=28	7×3=21	7×4=28	7×3=21

따라서 트럭은 4+3+4+3+4+3+4+3=28대 필요하다.

[61~65]

예제풀이

보기의 명령 A, B, C를 나타내면 다음과 같다.

△△□ →A □□

□△□□ →B △△

□△□ →C □△□□

예제에서 입력값의 수열보다 결괏값의 수열의 도형이 줄어들어 도형을 추가하는 행동보다 전환하는 것이 유리하다. 또한 결괏값의 수열에서 첫 번째 도형을 맞추는 것이 가장 먼저 할 행동이고 입력값과 결괏값에 연속하는 도형이 나열되었을 경우는 그 도형은 그대로 놔두고 나머지 도형들을 전환하거나 새로운 도형을 추가한다.

입력값을 결괏값으로 만들기 위해서는 △를 하나 추가하고, □를 없애야 하므로 명령 B 한 번에 결괏값을 얻을 수 있다.

입력값		결괏값
□△□□□	→B	△△□

61 정답 2번

입력값		결괏값
□△□△	→C	□□△□△
□□△□△	→B	△△△

62 정답 3번

입력값		결괏값
△□△□	→C	△□□△□
△□□△□	→C	△□□△△□
△□□△△□	→C	△□□△△□□

63 정답 3번

입력값		결괏값
△□□□△□	→B	△□△△
△□△△	→A	△□□
△□□	→C	△□□□

64 정답 4번

입력값		결괏값
△△□△△□	A →	△△□□□
△△□□□	B →	△△△
△△△	A →	△□
△□	C →	△□△

65 정답 6번

입력값		결괏값
□△□△△	A →	□△□□
□△□□	B →	△△
△△	A →	□
□	C →	□□
□□	C →	□□△
□□△	C →	□□△□

[66~70]

예제풀이

정상	0	0	1	1	1
0	0	0	1	1	1
0	1	1	1	1	1
0	1	1	2	2	3
0	1	1	2	2	입구

따라서 스탬프는 최대 3개 찍을 수 있다.

66 정답 3개

정상	0	0	1	1	1
1	1	1	1	1	1
2	2	3	3	3	3
2	2	3	3	3	3
2	3	3	3	3	입구

따라서 스탬프는 최대 3개 찍을 수 있다.

67 정답 2개

정상	0	1	1	1	2
0	1	1	1	2	2
1	1	1	2	2	2
1	1	2	2	2	2
1	2	2	2	2	입구

따라서 스탬프는 최대 2개 찍을 수 있다.

68 정답 4개

정상	0	0	1	1	1
0	0	0	1	1	1
1	1	2	2	2	3
1	1	2	2	2	4
1	2	2	2	2	입구

따라서 스탬프는 최대 4개 찍을 수 있다.

69 정답 4개

정상	0	1	1	1	2
1	1	1	1	2	2
1	1	2	2	2	2
2	2	2	2	3	4
3	3	4	4	4	입구

따라서 스탬프는 최대 4개 찍을 수 있다.

70 정답 2개

정상	0	1	1	1	1
0	1	1	1	1	2
0	1	1	2	2	2
0	1	1	2	2	2
1	1	1	2	2	입구

따라서 스탬프는 최대 2개 찍을 수 있다.

[71~75]

예제풀이

출발	15	15	15	15	15
0	15	45	45	45	45
0	15	45	45	60	60
20	20	45	45	60	70
20	20	45	50	60	도착

도착 지점까지 함정으로 줄어드는 체력의 최댓값은 70이다.
따라서 도착 지점에 도착 후 남은 체력의 최솟값은 100−70=30이다.

71 정답 15

출발	0	0	25	25	25
0	0	0	25	25	25
0	30	30	30	30	60
0	30	30	30	50	60
20	30	55	55	55	도착

도착 지점까지 함정으로 줄어드는 체력의 최댓값은 60이다.
따라서 도착 지점에 도착 후 남은 체력의 최솟값은 75−60=15이다.

72 정답 14

출발	0	13	13	13	13
0	26	26	26	63	63
25	26	26	26	63	63
25	26	54	54	69	76
25	26	54	54	76	도착

도착 지점까지 함정으로 줄어드는 체력의 최댓값은 76이다.
따라서 도착 지점에 도착 후 남은 체력의 최솟값은 90−76=14이다.

73 정답 0

출발	0	40	40	40	80
0	0	40	40	70	80
0	35	40	70	105	105
30	35	40	70	105	145
70	70	70	110	110	도착

도착 지점까지 함정으로 줄어드는 체력의 최댓값은 145이다.
체력이 100이므로 도착 지점에 도착하기 전에 체력이 0 이하가 된다.

74 정답 5

출발	0	40	80	80	80
0	0	40	80	80	135
50	50	50	80	140	140
50	50	105	105	140	140
90	90	105	105	195	도착

도착 지점까지 함정으로 줄어드는 체력의 최댓값은 195이다.
따라서 도착 지점에 도착 후 남은 체력의 최솟값은 200−195=5이다.

75 정답 111

출발	7	7	7	7	7
0	7	7	13	17	17
6	17	26	29	29	29
8	20	29	31	31	36
12	28	33	39	39	도착

도착 지점까지 함정으로 줄어드는 체력의 최댓값은 39이다.
따라서 도착 지점에 도착 후 남은 체력의 최솟값은 150−39=111이다.

PART 2

최종점검 모의고사 정답 및 해설

제1회 최종점검 모의고사

제2회 최종점검 모의고사

제3회 최종점검 모의고사

제1회 최종점검 모의고사

[1~5]

예제풀이

B	A	G	H	C	정렬 전
A	B	C	G	H	정렬 후

따라서 왼쪽에서 3번째에 있는 카드는 C이다.

01 정답 F

L	D	M	F	N	정렬 전
D	F	L	M	N	정렬 후

따라서 왼쪽에서 2번째에 있는 카드는 F이다.

02 정답 O

H	O	U	S	E	정렬 전
E	H	O	S	U	정렬 후

따라서 왼쪽에서 3번째에 있는 카드는 O이다.

03 정답 E

Z	E	T	Y	C	정렬 전
C	E	T	Y	Z	정렬 후

따라서 왼쪽에서 2번째에 있는 카드는 E이다.

04 정답 K

P	A	E	H	K	정렬 전
A	E	H	K	P	정렬 후

따라서 왼쪽에서 4번째에 있는 카드는 K이다.

05 정답 Y

L	B	A	T	Y	정렬 전
A	B	L	T	Y	정렬 후

따라서 왼쪽에서 5번째에 있는 카드는 Y이다.

[6~10]

예제풀이

색이 서로 다른 구슬 n개에서 r개를 골라 서로 다른 문자를 부여하는 경우는 서로 다른 n개에서 r개를 골라 일렬로 나열하는 경우로 볼 수 있고, 이때 경우의 수는 ${}_nP_r=[n\times(n-1)\times(n-2)\times\cdots\times(n-r+1)]$가지이다.

따라서 색이 서로 다른 4개의 구슬에서 2개를 골라 서로 다른 문자를 부여하는 경우의 수는 ${}_4P_2=4\times3=12$가지이다.

06 정답 6가지

색이 서로 다른 3개의 구슬에서 2개를 골라 서로 다른 문자를 부여하는 경우의 수는 ${}_3P_2=3\times2=6$가지이다.

07 정답 24가지

색이 서로 다른 4개의 구슬에서 3개를 골라 서로 다른 문자를 부여하는 경우의 수는 ${}_4P_3=4\times3\times2=24$가지이다.

08 정답 20가지

색이 서로 다른 5개의 구슬에서 2개를 골라 서로 다른 문자를 부여하는 경우의 수는 ${}_5P_2=5\times4=20$가지이다.

09 정답 120가지

색이 서로 다른 5개의 구슬에서 4개를 골라 서로 다른 문자를 부여하는 경우의 수는 ${}_5P_4=5\times4\times3\times2=120$가지이다.

10 정답 30가지

색이 서로 다른 6개의 구슬에서 2개를 골라 서로 다른 문자를 부여하는 경우의 수는 ${}_6P_2=6\times5=30$가지이다.

[11~15]

예제풀이

금액이 3인 자동차가 통과하고 나서 톨게이트 비용이 3이 되므로 나머지 자동차들은 통과할 수 없다.

11 정답 3대

톨게이트 비용이 1에서 1씩 커지므로 모든 자동차가 톨게이트를 통과할 수 있다.

12 정답 3대

톨게이트 비용이 1에서 1씩 커지는데 4가 되는 순간부터 자동차가 지나가지 못한다.

13 정답 4대

금액이 5인 자동차와 2인 자동차의 위치를 바꾸면 자동차 금액 배열이 1 4 3 4 1이 되어 4번째 자동차까지 톨게이트를 통과할 수 있다.

14 정답 2대

금액이 5인 자동차와 6인 자동차를 맨 앞에 위치시키면 금액이 4와 5가 되므로 톨게이트를 지나갈 수 있다.

15 정답 3대

금액이 21인 자동차와 18인 자동차를 맨 앞에 위치시키면 자동차 금액 배열이 20 17 11 5 6 2 7이 되어 3번째 자동차까지 톨게이트를 통과할 수 있다.

[16~20]

예제풀이

초항이 1이고 공차가 3인 등차수열의 일반항과 산술평균을 이용한다.
초항이 1이고, 공차가 3일 때 n번째 항의 수는 $1+3(n-1)$이다.
$43=1+3(n-1) \rightarrow n=15$

따라서 초항과 15번째 항의 중간항은 $\frac{1+15}{2}=8$번째 항이므로 $1+3\times7=22$이다.

16 정답 28

$55=1+3(n-1) \rightarrow n=19$

따라서 초항과 19번째 항의 중간항은 $\frac{1+19}{2}=10$번째 항이므로 $1+3\times9=28$이다.

17 정답 52

$103=1+3(n-1) \rightarrow n=35$

따라서 초항과 35번째 항의 중간항은 $\frac{1+35}{2}=18$번째 항이므로 $1+3\times17=52$이다.

18 정답 64

$25=1+3(n-1) \rightarrow n=9$
$103=1+3(n-1) \rightarrow n=35$

따라서 9번째 항과 35번째 항의 중간항은 $\frac{9+35}{2}=22$번째 항이므로 $1+3\times21=64$이다.

19 정답 85

$43=1+3(n-1) \rightarrow n=15$

$127=1+3(n-1) \rightarrow n=43$

따라서 15번째 항과 43번째 항의 중간항은 $\frac{15+43}{2}=29$번째 항이므로 $1+3\times28=85$이다.

20 정답 226

$106=1+3(n-1) \rightarrow n=36$

$346=1+3(n-1) \rightarrow n=116$

따라서 36번째 항과 116번째 항의 중간항은 $\frac{36+116}{2}=76$번째 항이므로 $1+3\times75=226$이다.

[21~25]

예제풀이

전선의 길이를 오름차순으로 정리하고, 각 전선이 순환 구조를 이루지 않도록 고르면 다음과 같다.

구분	A－B	B－E	C－F	B－C	D－E	E－F
길이(km)	2	3	5	6	7	9

따라서 각 지역을 연결하는 전선 길이의 합의 최솟값은 2+3+5+6+7=23km이다.

21 정답 27km

구분	A－B	D－E	B－C	E－F	A－D	B－D	C－E
길이(km)	3	4	5	7	8	9	9

따라서 각 지역을 연결하는 전선 길이의 합의 최솟값은 3+4+5+7+8=27km이다.

22 정답 27km

구분	D－E	B－C	A－D	E－F	B－F	C－F	A－C	A－E
길이(km)	1	4	6	7	9	10	11	12

따라서 각 지역을 연결하는 전선 길이의 합의 최솟값은 1+4+6+7+9=27km이다.

23 정답 17km

구분	B－D	C－E	A－C	B－F	C－D	D－F	A－E	A－B	E－F
길이(km)	2	2	4	4	5	5	7	10	12

따라서 각 지역을 연결하는 전선 길이의 합의 최솟값은 2+2+4+4+5=17km이다.

24 정답 28km

구분	A-B	B-C	D-E	A-D	C-F	E-F	B-E
길이(km)	3	5	6	7	7	8	11

따라서 각 지역을 연결하는 전선 길이의 합의 최솟값은 3+5+6+7+7=28km이다.

25 정답 25km

구분	B-F	C-D	E-F	C-E	A-C	C-F	B-C	D-E	A-D	A-B
길이(km)	3	4	5	6	7	7	8	8	10	12

따라서 각 지역을 연결하는 전선 길이의 합의 최솟값은 3+4+5+6+7=25km이다.

제2회 최종점검 모의고사

[1~5]

예제풀이

155	172	162	159	157	153	정렬 전
172	155	162	159	157	153	1회
172	162	155	159	157	153	2회
172	162	159	155	157	153	3회
172	162	159	157	155	153	4회

01 정답 3회

174	167	154	164	160	159	정렬 전
174	167	164	154	160	159	1회
174	167	164	160	154	159	2회
174	167	164	160	159	154	3회

02 정답 3회

165	171	160	157	159	178	정렬 전
178	171	160	157	159	165	1회
178	171	165	157	159	160	2회
178	171	165	160	159	157	3회

03 정답 2회

180	176	174	150	164	157	정렬 전
180	176	174	164	150	157	1회
180	176	174	164	157	150	2회

04 정답 3회

174	172	162	182	161	158	정렬 전
182	172	162	174	161	158	1회
182	174	162	172	161	158	2회
182	174	172	162	161	158	3회

05 정답 4회

150	172	186	168	160	159	정렬 전
186	172	150	168	160	159	1회
186	172	168	150	160	159	2회
186	172	168	160	150	159	3회
186	172	168	160	159	150	4회

[6~10]

예제풀이

$1+3+5+7+9=25$

풀이 꿀팁

1부터 $2n$까지 홀수의 합은 n^2이다.

06 정답 140

1부터 24까지 홀수의 합을 구한 뒤 1부터 4까지 홀수의 합을 뺀다.

$(12^2)-(2^2)=140$

07 정답 504

1부터 46까지 홀수의 합을 구한 뒤 1부터 10까지 홀수의 합을 뺀다.

$(23^2)-(5^2)=504$

08 정답 1,053

1부터 66까지 홀수의 합을 구한 뒤 1부터 12까지 홀수의 합을 뺀다.

$(33^2)-(6^2)=1,053$

09 정답 2,275

1부터 100까지 홀수의 합을 구한 뒤 1부터 30까지 홀수의 합을 뺀다.

$(50^2)-(15^2)=2,275$

10 정답 14,256

1부터 240까지 홀수의 합을 구한 뒤 1부터 24까지 홀수의 합을 뺀다.
$(120^2)-(12^2)=14,256$

[11~15]

예제풀이

공의 수치는 1번 튕기면 6, 2번 튕기면 3, 3번 튕기면 2(1.5에서 반올림), 4번 튕기면 1이 된다. 1 미만으로 내려갈 수 없으니 더 이상 튕길 수 없다.

풀이 꿀팁

공의 수치가 1이 될 때까지 $\frac{1}{2}$을 계속하여 곱한다. 공을 튕긴 후 수치가 홀수가 될 때는 1을 더한 후 $\frac{1}{2}$을 곱하여 다음 수치를 구한다.

11 정답 5번

20 → 10 → 5 → 3(2.5에서 반올림) → 2(1.5에서 반올림) → 1

12 정답 5번

28 → 14 → 7 → 4(3.5에서 반올림) → 2 → 1

13 정답 6번

40 → 20 → 10 → 5 → 3(2.5에서 반올림) → 2(1.5에서 반올림) → 1

14 정답 7번

88 → 44 → 22 → 11 → 6(5.5에서 반올림) → 3 → 2(1.5에서 반올림) → 1

15 정답 7번

100 → 50 → 25 → 13(12.5에서 반올림) → 7(6.5에서 반올림) → 4(3.5에서 반올림) → 2 → 1

[16~20]

예제풀이

팀	1회	2회	3회	4회	5회	6회	7회	8회	9회	10회	11회	12회	합계
A	10	5	−2	3	4	8	3	−5	1	4	−5	5	31
B	10	8	7	10	−3	6	−2	8	−3	5	6	6	58
C	10	1	2	−3	−7	8	6	−4	8	7	−5	10	33

따라서 마지막 회차까지 획득한 구슬의 개수가 가장 많은 팀은 B이다.

16 정답 C팀

팀	1회	2회	3회	4회	5회	6회	7회	8회	9회	10회	11회	12회	합계
A	2	−3	−2	2	4	6	−7	5	−6	5	5	5	16
B	5	5	−3	5	−3	−2	5	−7	4	5	10	−4	20
C	6	6	2	7	−2	7	6	5	10	8	10	10	75

따라서 마지막 회차까지 획득한 구슬의 개수가 가장 많은 팀은 C이다.

17 정답 B팀

팀	1회	2회	3회	4회	5회	6회	7회	8회	9회	10회	11회	12회	합계
A	2	−3	4	4	−8	5	6	−4	6	10	−2	4	24
B	3	8	10	7	−2	8	7	4	−1	10	5	8	67
C	4	−2	8	4	7	5	5	6	8	9	−7	3	50

따라서 마지막 회차까지 획득한 구슬의 개수가 가장 많은 팀은 B이다.

18 정답 C팀

팀	1회	2회	3회	4회	5회	6회	7회	8회	9회	10회	11회	12회	합계
A	1	−3	−2	2	4	6	−7	5	−6	5	5	5	15
B	3	5	−3	5	−3	−2	5	−7	4	5	10	−4	18
C	4	6	2	7	−2	7	6	3	−8	8	2	4	39

따라서 마지막 회차까지 획득한 구슬의 개수가 가장 많은 팀은 C이다.

19 정답 A팀

팀	1회	2회	3회	4회	5회	6회	7회	8회	9회	10회	11회	12회	합계
A	4	−2	5	9	4	−3	5	4	6	10	8	7	57
B	4	−1	5	−5	7	6	4	−7	8	4	2	−2	25
C	7	8	−4	5	6	2	1	−4	5	3	−4	5	30

따라서 마지막 회차까지 획득한 구슬의 개수가 가장 많은 팀은 A이다.

20 정답 A팀

팀	1회	2회	3회	4회	5회	6회	7회	8회	9회	10회	11회	12회	합계
A	8	2	−4	5	8	7	−2	4	6	−2	−1	10	41
B	7	3	4	1	2	−4	−4	8	2	1	4	−6	18
C	5	−1	2	−4	5	6	−4	3	4	1	7	−2	22

따라서 마지막 회차까지 획득한 구슬의 개수가 가장 많은 팀은 A이다.

[21~25]

예제풀이

출발	0	0	0	0	1
0	1	1	1	1	1
0	1	1	2	2	2
0	1	1	2	2	3
0	2	2	2	3	본가

따라서 선물은 최대 3개 구입할 수 있다.

21 정답 3개

출발	0	0	1	1	1
1	1	1	1	1	2
1	1	2	2	2	2
1	2	2	2	2	2
1	2	2	3	3	본가

따라서 선물은 최대 3개 구입할 수 있다.

22 정답 4개

출발	1	1	1	1	1
1	1	1	1	1	2
1	1	2	2	3	3
1	2	2	2	3	3
1	2	2	2	4	본가

따라서 선물은 최대 4개 구입할 수 있다.

23 정답 3개

출발	1	1	1	1	2
1	1	1	1	2	2
1	1	1	2	2	2
1	1	2	3	3	3
1	1	3	3	3	본가

따라서 선물은 최대 3개 구입할 수 있다.

24 정답 2개

출발	0	1	1	1	1
1	1	1	1	1	1
1	1	1	1	1	2
1	2	2	2	2	2
2	2	2	2	2	본가

따라서 선물은 최대 2개 구입할 수 있다.

25 정답 5개

출발	0	1	1	2	2
1	1	1	2	2	3
1	2	2	3	4	4
2	2	2	3	4	5
2	3	3	4	4	본가

따라서 선물은 최대 5개 구입할 수 있다.

제3회 최종점검 모의고사

[1~5]

예제풀이

3	16	12	25	21	15	37	정렬 전
3	12	16	21	15	25	37	1회전
3	12	16	15	21	25	37	2회전
3	12	15	16	21	25	37	3회전

연료의 양이 3이므로 3회전 후 로봇은 멈춘다.
3회전 후 모든 상품의 배열이 오름차순으로 정리되고, 그 배열은 '3 12 15 16 21 25 37'이다.

01 정답 2 9 13 15 16 25 27

13	25	2	9	15	27	16	정렬 전
13	2	9	15	25	16	27	1회전
2	9	13	15	16	25	27	2회전

연료의 양이 2이므로 2회전 후 로봇은 멈춘다.
2회전 후 모든 상품의 배열이 오름차순으로 정리되고, 그 배열은 '2 9 13 15 16 25 27'이다.

02 정답 2 5 7 11 13 17 19

7	17	13	2	19	5	11	정렬 전
7	13	2	17	5	11	19	1회전
7	2	13	5	11	17	19	2회전
2	7	5	11	13	17	19	3회전
2	5	7	11	13	17	19	4회전

연료의 양이 4이므로 4회전 후 로봇은 멈춘다.
4회전 후 모든 상품의 배열이 오름차순으로 정리되고, 그 배열은 '2 5 7 11 13 17 19'이다.

03 정답 13 16 18 6 28 29 37

37	18	13	16	29	28	6	정렬 전
18	13	16	29	28	6	37	1회전
13	16	18	28	6	29	37	2회전
13	16	18	6	28	29	37	3회전

연료의 양이 3이므로 3회전 후 로봇은 멈춘다.
따라서 3회전 후 상품의 배열은 '13 16 18 6 28 29 37'이다.

04 정답 3 18 12 27 6 33 42

3	18	27	33	12	42	6	정렬 전
3	18	27	12	33	6	42	1회전
3	18	12	27	6	33	42	2회전

연료의 양이 2이므로 2회전 후 로봇은 멈춘다.
따라서 2회전 후 상품의 배열은 '3 18 12 27 6 33 42'이다.

05 정답 1 4 9 16 25 36 49

16	9	1	25	4	49	36	정렬 전
9	1	16	4	25	36	49	1회전
1	9	4	16	25	36	49	2회전
1	4	9	16	25	36	49	3회전

연료의 양이 3이므로 3회전 후 로봇은 멈춘다.
따라서 3회전 후 상품의 배열은 '1 4 9 16 25 36 49'이다.

[6~10]

예제풀이

서로 다른 인원 n명을 순서를 고려하지 않고 r명 고르는 경우의 수는 ${}_nC_r = \frac{n!}{r!(n-r)!}$ 가지이다.

따라서 동아리 회원 8명 중 2명만 경연에 참가할 수 있을 때, 참가하는 학생을 뽑을 수 있는 경우의 수는 $\frac{8!}{2!6!} = \frac{8\times7}{2\times1} = 28$가지이다.

06 정답 70가지

동아리 회원 8명 중 4명만 경연에 참가할 수 있을 때, 참가하는 학생을 뽑을 수 있는 경우의 수는 $\frac{8!}{4!4!} = \frac{8\times7\times6\times5}{4\times3\times2\times1} = 70$가지이다.

07 정답 126가지

동아리 회원 9명 중 5명만 경연에 참가할 수 있을 때, 참가하는 학생을 뽑을 수 있는 경우의 수는 $\frac{9!}{5!4!}=\frac{9\times8\times7\times6}{4\times3\times2\times1}=126$가지이다.

08 정답 210가지

동아리 회원 10명 중 4명만 경연에 참가할 수 있을 때, 참가하는 학생을 뽑을 수 있는 경우의 수는 $\frac{10!}{4!6!}=\frac{10\times9\times8\times7}{4\times3\times2\times1}=210$가지이다.

09 정답 330가지

동아리 회원 11명 중 4명만 경연에 참가할 수 있을 때, 참가하는 학생을 뽑을 수 있는 경우의 수는 $\frac{11!}{4!7!}=\frac{11\times10\times9\times8}{4\times3\times2\times1}=330$가지이다.

10 정답 792가지

동아리 회원 12명 중 5명만 경연에 참가할 수 있을 때, 참가하는 학생을 뽑을 수 있는 경우의 수는 $\frac{12!}{5!7!}=\frac{12\times11\times10\times9\times8}{5\times4\times3\times2\times1}=$ 792가지이다.

[11~15]

예제풀이

품목 번호 \ 무게	1	2	3	4	5
1	0	500	500	500	500
2	1,000	1,000	1,500	1,500	1,500
3	1,000	1,000	2,000	3,000	3,000

따라서 바구니에 담을 수 있는 과자 가격의 합의 최댓값은 3,000원이다.

11 정답 3,000원

품목 번호 \ 무게	1	2	3
1	1,000	1,000	1,000
2	1,000	2,000	3,000
3	1,000	2,000	3,000

따라서 바구니에 담을 수 있는 과자 가격의 합의 최댓값은 3,000원이다.

12 정답 7,000원

품목 번호 \ 무게	1	2	3	4
1	3,000	3,000	3,000	3,000
2	3,000	4,000	7,000	7,000
3	3,000	4,000	7,000	7,000

따라서 바구니에 담을 수 있는 과자 가격의 합의 최댓값은 7,000원이다.

13 정답 4,000원

품목 번호 \ 무게	1	2	3	4	5
1	0	1,000	1,000	1,000	1,000
2	3,000	3,000	4,000	4,000	4,000
3	3,000	3,000	4,000	4,000	4,000

따라서 바구니에 담을 수 있는 과자 가격의 합의 최댓값은 4,000원이다.

14 정답 2,000원

품목 번호 \ 무게	1	2	3
1	0	0	1,000
2	0	1,500	1,500
3	2,000	2,000	3,500

따라서 바구니에 담을 수 있는 과자 가격의 합의 최댓값은 3,500원이다.

15 정답 5,000원

품목 번호 \ 무게	1	2	3	4	5	6	7
1	0	0	0	3,000	3,000	3,000	3,000
2	0	2,000	2,000	3,000	3,000	5,000	5,000
3	0	2,000	2,000	3,000	3,000	5,000	5,000

따라서 바구니에 담을 수 있는 과자 가격의 합의 최댓값은 5,000원이다.

[16~20]

예제풀이

n개의 계단을 오르는 방법은 $(n-1)$번째 계단에서 1계단 올라가는 경우의 수와 $(n-2)$번째 계단에서 2계단 올라가는 경우의 수의 합이므로 n개의 계단을 오르는 경우의 수를 $F(n)$이라 하면, $F(n)=F(n-2)+F(n-1)$이다.
따라서 $F(1)=1$, $F(2)=2$이고, $F(3)=F(1)+F(2)=3$, $F(4)=F(2)+F(3)=5$, $F(5)=F(3)+F(4)=8$이므로 계단 5개를 올라가는 경우의 수는 8가지이다.

16 정답 21가지

계단을 오르는 경우의 수를 나열하면 1, 2, 3, 5, 8, 13, 21, …이므로 7개의 계단을 오르는 경우의 수는 21가지이다.

17 정답 34가지

계단을 오르는 경우의 수를 나열하면 1, 2, 3, 5, 8, 13, 21, 34, …이므로 8개의 계단을 오르는 경우의 수는 34가지이다.

18 정답 144가지

계단을 오르는 경우의 수를 나열하면 1, 2, 3, 5, 8, 13, 21, 34, 55, 89, 144, …이므로 11개의 계단을 오르는 경우의 수는 144가지이다.

19 정답 610가지

계단을 오르는 경우의 수를 나열하면 1, 2, 3, 5, 8, 13, 21, 34, 55, 89, 144, 233, 377, 610, …이므로 14개의 계단을 오르는 경우의 수는 610가지이다.

20 정답 2,584가지

계단을 오르는 경우의 수를 나열하면 1, 2, 3, 5, 8, 13, 21, 34, 55, 89, 144, 233, 377, 610, 987, 1,597, 2,584, …이므로 17개의 계단을 오르는 경우의 수는 2,584가지이다.

[21~25]

예제풀이

다리의 길이를 오름차순으로 정리하고, 각 다리가 순환 구조를 이루지 않도록 고르면 다음과 같다.

구분	B-E	D-E	A-B	C-F	B-C	E-F
길이(km)	1	2	3	6	7	8

따라서 건설해야 할 다리 길이의 합의 최솟값은 1+2+3+6+7=19km이다.

21 정답 22km

구분	A-B	B-E	D-E	A-D	E-F	B-C
길이(km)	2	3	4	6	6	7

따라서 건설해야 할 다리 길이의 합의 최솟값은 2+3+4+6+7=22km이다.

22 정답 34km

구분	A-C	A-B	C-D	B-D	C-F	B-E	E-F
길이(km)	5	6	6	7	7	10	12

따라서 건설해야 할 다리 길이의 합의 최솟값은 5+6+6+7+10=34km이다.

23 정답 31km

구분	A－D	B－C	D－E	C－E	E－F	A－B
길이(km)	4	4	6	8	9	15

따라서 건설해야 할 다리 길이의 합의 최솟값은 4+4+6+8+9=31km이다.

24 정답 19km

구분	C－D	B－F	E－F	A－B	A－D	D－F	D－E	C－E
길이(km)	2	3	4	5	5	6	8	11

따라서 건설해야 할 다리 길이의 합의 최솟값은 2+3+4+5+5=19km이다.

25 정답 19km

구분	A－D	B－F	E－F	A－B	C－E	C－D	D－F	D－E
길이(km)	1	3	4	5	6	7	8	10

따라서 건설해야 할 다리 길이의 합의 최솟값은 1+3+4+5+6=19km이다.

2025 최신판 시대에듀 All-New
싸피 SSAFY(삼성 청년 SW아카데미)
SW적성진단 CT 주관식 단기완성

개정5판1쇄 발행	2025년 03월 20일 (인쇄 2025년 02월 14일)
초 판 발 행	2022년 05월 10일 (인쇄 2022년 04월 19일)
발 행 인	박영일
책 임 편 집	이해욱
편 저	SDC(Sidae Data Center)
편 집 진 행	안희선 · 윤지원
표지디자인	김도연
편집디자인	최미림 · 고현준
발 행 처	(주)시대고시기획
출 판 등 록	제10-1521호
주 소	서울시 마포구 큰우물로 75 [도화동 538 성지 B/D] 9F
전 화	1600-3600
팩 스	02-701-8823
홈 페 이 지	www.sdedu.co.kr

I S B N	979-11-383-8855-9 (13320)
정 가	23,000원

싸피

삼성 청년 SW아카데미

SW적성진단

CT 주관식 단기완성